Dieta sin harinas
-La clave para bajar de peso
y mejorar la salud-

Rachel A. Wood

Ediciones Afrodita

Índice:

Capítulo 1
Carbohidratos y azúcares

Efectos nocivos de los carbohidratos y azúcares refinados en el organismo

Los carbohidratos refinados y los azúcares estimulan en gran medida el pico glucémico y, en consecuencia, la producción de insulina que debe intervenir para que los niveles de azúcar en la sangre vuelvan a la normalidad.

Una vez que la insulina ha hecho su trabajo tenemos la bajada glucémica que nos hace sentir cansados y hambrientos por lo que acabamos buscando otros hidratos de carbono y azúcares en un círculo vicioso adictivo y muy difícil de romper.

• La presencia continua de insulina en la sangre (piense en cuántas veces al día se consumen carbohidratos refinados y azúcares en sus diversas formas) lleva al organismo a entrar en un estado de inflamación sistémica, que tiene repercusiones negativas muy fuertes en todo el organismo, cerebro incluido.

• Si esta situación se prolonga en el tiempo, el organismo acaba desarrollando resistencia a la insulina, es decir, deja de responder a los estímulos de insulina.

También llega un momento en que las células beta del páncreas que producen insulina debido al exceso de trabajo entran en apuros y luego mueren. Cuando esto sucede se pierden para siempre ya que son células que no se regeneran.

A estas alturas estamos en la antecámara de la diabetes.

• El estado inflamatorio continuo también provoca la aparición de resistencia a la leptina.

La leptina es la llamada "hormona de la saciedad" que le indica a nuestro cuerpo cuándo es el momento de dejar de comer porque hemos tomado suficientes nutrientes. En el momento en que nos volvemos insensibles al efecto de esta hormona, perdemos la capacidad de controlar la cantidad de alimentos que comemos, ya que nunca nos sentimos llenos y tenemos hambre constantemente.

• Los hidratos de carbono refinados y los azúcares son alimentos que aportan una gran cantidad de energía en muy poco tiempo (por eso son el alimento favorito de muchos deportistas).

Si no se consume esta energía (cosa que difícilmente ocurre si se lleva, como mucha gente, una vida predominantemente sedentaria) aquí se llega primero al sobrepeso y luego a la obesidad.

• Una característica distintiva del consumo de carbohidratos y azúcares refinados es que favorecen la formación de grasa abdominal o grasa visceral.

Es una forma de grasa corporal extremadamente sutil y dañina, mucho más que la grasa localizada en otras áreas del cuerpo, ya que rodea y comprime órganos vitales, dañándolos con el tiempo.

Además, esta grasa actúa como una glándula y produce hormonas y otras sustancias que interfieren con el equilibrio hormonal normal del cuerpo.
Numerosos estudios también han demostrado que existe una correlación entre el tamaño del llamado "vientre de trigo" y la masa cerebral: en otras palabras, cuanto más ancha es la circunferencia del vientre, más literalmente se encoge el cerebro.

• Otras enfermedades que pueden estar relacionadas con un alto consumo de carbohidratos y azúcares refinados, además de la obesidad y la diabetes, son, por ejemplo: hígado graso, hipercolesterolemia, hipertrigliceridemia, problemas de tiroides, enfermedades cardíacas y coronarias, permeabilidad intestinal y otras enfermedades intestinales. Diría que aun deteniéndonos en este punto de la lista ya existen varias razones válidas para considerar seriamente la idea de hacer este cambio en la alimentación.

Es importante subrayar que cuando se trata de eliminar carbohidratos y azúcares refinados esto no significa que, al hacerlo, se eliminen todas las formas de carbohidratos (incluso esta categoría de nutrientes tiene su importancia para nuestro cuerpo): de hecho, los carbohidratos existen en diferentes categorías de alimentos como verduras, frutas, legumbres, semillas oleaginosas, productos lácteos, etc.

Se trata de eliminar solo la categoría más dañina que consiste en los alimentos falsos, la comida chatarra que no aporta nutrientes reales sino solo calorías vacías y que provocan, como hemos visto, numerosos daños a la salud.

Si nuestro estilo de vida y las necesidades de un momento determinado lo requieren, posiblemente podamos mantener en la dieta una presencia en pequeñas cantidades de hidratos de carbono procedentes de cereales integrales sin gluten. Y una vez que nos hemos librado de la inflamación y la adicción que crean estos alimentos, nada nos impide disfrutar, de vez en cuando, de una pizza con los amigos, de una lasaña casera de mamá o de un pastelito tomado con un amigo a la hora del té.

Lo importante es hacerlo con conciencia y moderación, sin sentimientos de culpa innecesarios y sabiendo que es un momento, una oportunidad no una forma (equivocada y dañina) de vivir.

Capítulo 2
Dieta cero cereales

¿Qué es la dieta cero cereales?

Lo que la mayoría de la gente considera trigo no es trigo en absoluto, sino que en realidad es más como un tipo de trigo procesado, producido por investigaciones genéticas realizadas durante la segunda mitad del siglo XX. Comer trigo moderno es una causa importante de problemas de salud, que incluyen:

• Aumento del apetito, exceso de antojos de alimentos.
• Picos de azúcar en la sangre que desencadenan ciclos de picos de energía. Los niveles fluctuantes de azúcar en la sangre también contribuyen a los problemas relacionados con la insulina y son el principal factor de riesgo para la diabetes.
• Mayor riesgo de síndrome metabólico y factores de riesgo de enfermedad cardíaca, incluidos niveles altos de colesterol y triglicéridos.
• Problemas relacionados con el proceso de glicación subyacente a la enfermedad y el envejecimiento.
• Efectos negativos sobre la salud intestinal, incluido el síndrome del intestino irritable, que desencadena reacciones inflamatorias y problemas digestivos como hinchazón y estreñimiento.
• Alteraciones en el nivel de pH del cuerpo
• Cansancio, debilidad y falta de concentración mental.

• Degeneración del cartílago y mayor riesgo de problemas como artritis o dolor en las articulaciones.

¿Quién necesitaría seguir este tipo de dieta?

Aquellos que están tratando de perder el exceso de peso (que actualmente son obesos o tienen sobrepeso), que tienen sensibilidades o algún tipo de intolerancia, alergia al gluten o que quieren comer alimentos integrales con mucha más frecuencia al disminuir la ingesta de alimentos procesados; todos estos son buenos candidatos para la "dieta cero granos".

Beneficios de la dieta cero granos

Excluir el trigo de su dieta también significa que se elimina la mayor parte o la totalidad del gluten. Según algunas investigaciones, podría ser útil para mejorar la salud digestiva y, en algunos casos, reducir los niveles de inflamación y aumentar la inmunidad.

El gluten es un tipo de proteína que se encuentra en los cereales, incluidas todas las variedades de trigo (como el kamut, etc.), así como la cebada y el centeno. Constituye aproximadamente el 80% de los aminoácidos (bloques de construcción que componen las proteínas) que se encuentran en estos granos y se cree que contribuye a una variedad de síntomas de intolerancia al gluten o alergias alimentarias que podrían afectar a millones de personas.

Puede ayudarlo a perder peso o prevenir el aumento de peso y la obesidad.

Según una investigación realizada en la Escuela de Medicina de Harvard en colaboración con la Sociedad de Obesidad, una de las principales razones por las que evitar todo el trigo puede beneficiar tanto a niños como a adultos es porque hace que las personas se abstengan de comer alimentos envasados, procesados, con alto contenido de azúcar.

Hoy en día, el trigo, de una forma u otra, se encuentra en la gran mayoría de los alimentos deficientes en nutrientes que están en los estantes de las tiendas de comestibles.

Las principales fuentes de calorías en las dietas muestran que los grupos de alimentos que contribuyen al aumento de peso son:

•	Postres a base de cereales: pasteles, galletas, donuts, quiches, patatas fritas, barras de cereales

•	Pan con levadura (presumiblemente hecho con harina de trigo), pasta, pizza.

Al seguir una "dieta cero granos", evita todos estos alimentos y puede tratar la obesidad de forma natural y potencialmente perder peso.

1) Puede ayudar a mejorar la digestión y la salud intestinal

Hoy en día, una buena cantidad de evidencia sugiere que es posible tener síntomas de intolerancia al gluten sin tener enfermedad celíaca, una condición grave caracterizada por una alergia al gluten.

Cuando una persona reacciona mal al consumo de granos que contienen gluten, especialmente el trigo "moderno" que se cree que tiene niveles más altos de gluten que el trigo en el pasado, esta condición se denomina sensibilidad al gluten no celíaca (NCGS).

Un consejo para quienes padecen intolerancia al gluten o quieren eliminar el gluten de su dieta es utilizar Glutenam, un suplemento a base de Tolerase G, una enzima capaz de degradar la gliadina, una fracción proteica que en los celiacos no es capaz de degradar.

2) Fomentar hábitos saludables y reducir la ansiedad por comer

Los estudios también han demostrado que consumir productos de granos refinados que elevan rápidamente los niveles de azúcar en la sangre puede afectar la liberación de algunas endorfinas cerebrales activas, incluida la dopamina, lo que hace que estos alimentos sean esencialmente "adictivos".

Si bien es difícil comer demasiadas verduras y alimentos integrales, es muy fácil consumir demasiadas galletas, pasteles y trozos de pan. Y cuanto más cedes a estas tentaciones, más sigues queriendo más.

3) Requiere cocinar más en casa y leer bien las etiquetas de ingredientes en los productos

Al elegir eliminar todas las fuentes de trigo de sus dietas, las personas se ven obligadas a mirar más de cerca las etiquetas de los ingredientes de los alimentos, comer más alimentos frescos, cocinar en casa con mucha más frecuencia y, en consecuencia, reducir la ingesta calórica general.

Los investigadores de Harvard señalan: "Mientras trabajamos para abordar el problema de la obesidad, también debemos pensar en las calorías o (energía) de los alimentos. Los alimentos con un alto contenido de azúcar y grasa y un exceso de contenido de agua proporcionan un exceso de calorías por unidad de peso (se les conoce como alimentos de alto contenido energético), por lo que disminuir el consumo de estos alimentos envasados bajos en nutrientes que contienen trigo fomenta una condición alimentaria más saludable en general."

Los expertos no están completamente de acuerdo sobre qué porcentaje de la población puede verse afectada negativamente por el consumo de gluten, pero muchos creen que la prevalencia de la intolerancia al gluten es alta y que el gluten en realidad puede causar cambios significativos en la microbiota intestinal de la mayoría de las personas que consumen cantidades significativas.

Este es un gran problema considerando que nuestra salud general depende en gran medida de la salud intestinal, incluidos los procesos vitales como la absorción de nutrientes y una buena defensa inmunológica.

Dependiendo del tema específico, algunas de las consecuencias de la sensibilidad al gluten (desencadenada por el consumo de trigo) pueden incluir síntomas digestivos y síndrome del intestino irritable (SII), como dolor abdominal, calambres, distensión abdominal, estreñimiento o diarrea, problemas para metabolizar algunos nutrientes, que puede conducir a deficiencias, incluida la anemia (deficiencia de hierro); bajos niveles de energía; problemas de la piel, incluyendo dermatitis, eccema o rosácea; y muchos otros síntomas relacionados con el aumento de la inflamación.

Cómo seguir la mejor dieta y alimentos a elegir:

• Fruta fresca, incluidas bayas, manzanas, melones y frutas cítricas como pomelos y naranjas. Algunos prefieren comer principalmente frutas bajas en azúcar, evitando las que tienen más azúcar como la piña, la papaya, el plátano y el mango.

• Todas las variedades de verduras frescas, especialmente las sin almidón y bajas en calorías. Incluidas las verduras crucíferas (brócoli, coles de Bruselas, por ejemplo), verduras de hoja verde, pimientos, champiñones, espárragos, alcachofas, etc.

• Saludables carnes y huevos ecológicos de corral y pescado salvaje

• Grasas saludables como aceite de oliva, aceite de coco, nueces y semillas crudas, aguacate, leche de coco, aceitunas, manteca de cacao, ghee.

• Alimentos fermentados como kéfir o yogur sin azúcar, verduras en escabeche, tofu, tempeh, miso y natto.

• Quesos elaborados con leche cruda y ecológica.

• Si se tolera bien, los cereales sin procesar con moderación, como la quinua, el mijo, el trigo sarraceno, el arroz integral y el amaranto.

Los peores alimentos a evitar:

• El pan, especialmente los elaborados con harina de trigo refinada, incluso mucho "pan sin gluten" o productos envasados no deberían aportar muchas calorías. Si bien los productos de granos que no son de trigo (como el maíz o el arroz) pueden no contener gluten, aún no son muy nutritivos y son inferiores a los granos enteros germinados como la avena, la quinua, el arroz salvaje o el teff. Además, las técnicas modernas de procesamiento de alimentos suelen contaminar estos alimentos con gluten, ya que se procesan con el mismo equipo que el trigo.

• La mayoría de los cereales
• Postres a base de cereales, incluidos pasteles, galletas, donas, papas fritas, barras de cereal envasados o caseros.
• Pizza
• Patatas fritas y galletas
• Comida chatarra como comida rápida
• Azúcar añadida que incluye jarabe de maíz, sacarosa, jugos y bebidas azucaradas
• Comidas delicatessen, hamburguesas y sándwiches
• Frituras y fiambres

• Proteínas empanizadas como chuletas de pollo, carnes procesadas, perros calientes y hamburguesas vegetarianas congeladas.

Seguir este tipo de dieta significa evitar cualquier alimento elaborado con cereales, trigo, cebada, centeno, espelta y cierta avena. Además, es recomendable evitar en lo posible azúcares añadidos, condimentos que incluyan ingredientes artificiales y modificados químicamente, bebidas azucaradas y otros alimentos procesados.

Algunos consejos para recetas bajas en carbohidratos

Estos incluyen tortillas, sopas, guisos, pescado a la parrilla, pollo y más. Algunas ideas de recetas sin gluten, sin trigo y bajas en carbohidratos pueden ayudarlo a seguir la "dieta sin trigo" más fácilmente.

• Desayuno low carb con zumos de verduras, huevos con verduras o batidos de proteínas.
• Almuerzo, ensaladas grandes con proteínas y grasas saludables, como aguacate, lechuga, rollos de pollo desmenuzado con verduras o pizza hecha con "base de coliflor".
• Cena, pollo o ternera con lechuga y vegetales mixtos con salmón salvaje o hamburguesas orgánicas.
• Snacks, 1 o 2 huevos duros ecológicos de corral, batidos de proteínas, un puñado de frutos secos con fruta o ternera ecológica de pastoreo.
• Postres bajos en carbohidratos hechos con semillas de chía, harina de coco o almendras.

Platos salados sin ningún tipo de harinas

Para la comida, la cena o desayunos alejados de los dulces y productos industriales, podemos acudir a alguno de los siguientes platos salados sin ningún tipo de harinas en su interior:

• Galletas hechas con pulpa de jugo: unas crackers o galletas saladas sin ningún tipo de harinas, colmadas de fibra y que nos permite aprovechar los sobrantes si elaboramos zumos naturales por lo que además, son una preparación colmada de vitaminas, minerales y antioxidantes.

• Cloud bread o pan nube: para los amantes del pan que son lo primero que echarán de menos al reducir las harinas, esta es la mejor opción en su reemplazo. Un pan rico en proteínas, sin hidratos y muy saciante así como versátil.

• Wraps o tacos de lechuga con ternera salteada: para cenar o bien para una comida rica en proteínas, podemos reemplazar las tortillas a base de harina de trigo o maíz por lechuga para nuestros tacos. Una opción más ligera y muy nutritiva sin harinas refinadas.

• Tacos de lechuga con lentejas: es una variante vegana de la receta anterior que puedo asegurar que le encantará a toda la familia y no se echa de menos ni la harina ni la carne.

• Cuscús de coliflor: es una receta básica que podemos convertir en ensaladas, salteado u otro plato sin harinas y muy baja en hidratos, pero con fibra, proteínas vegetales y variedad de antioxidantes que protegen el organismo.

• Pizza con base de coliflor: para los amantes de la pizza que buscan opciones más sanas podemos acudir a versiones caseras sin harinas como esta que reemplaza la base tradicional de harina de trigo refinada por coliflor, huevo y especias.

• Zoodles: son los clásicos espaguetis vegetales que nos permiten degustar de un plato de "falsa pasta" sin harinas, muy ligero y rico en vitaminas, minerales y fibra que nos ayuda a saciar el organismo.

Dulces sanos sin harinas en su interior

Los platos dulces como bizcochos, postres, pasteles y demás por lo general emplean harinas en su composición. Sin embargo, podemos lograr dulces más sanos sin harinas como los que mostramos a continuación:

• Tortitas de dos ingredientes: sólo huevo y plátano para elaborar este plato que nos permitirá resolver un postre, un desayuno o merienda de forma muy sencilla y rápida, así como logrando saciedad tras su consumo.

• Galletas de plátano y coco con pipas de girasol: son el opuesto de verdad a las galletas comerciales colmadas de azúcar y harinas refinadas y lo mejor, quedan crujientes y muy sabrosas, así como saciantes.

•	Trufas de aguacate: con buenas grasas y mucho potasio, así como antioxidantes, estas trufas son súper sencillas y se encuentran libres de azúcares añadidos, así como de harinas en su interior.

•	Bombones de almendra y dátiles: son muy recomendables para los niños pues incluso se pueden elaborar junto a ellos. No requieren cocción y están libres de azúcares añadidos, así como de todo tipo de harinas y cereales.

•	Pastel jugoso de chocolate, avellanas y almendras: obviando la pequeña cantidad de azúcar que incluye la receta y adicionando edulcorante podemos lograr un pastel muy sano, colmado de grasas buenas y proteínas vegetales, así como magnesio, potasio y vitamina E con función antioxidante.

•	Bizcocho de plátano sin harinas: para volverlo una opción 100% sana debemos reemplazar el azúcar de la receta por otro endulzante como puede ser la stevia. Y lograremos un bizcocho muy sano y sabroso además de saciante para el organismo.

Capítulo 3
Dieta Mediterránea y Keto

¿Qué es la dieta mediterránea?

La dieta mediterránea tiene como objetivo alargar la esperanza de vida protegiendo contra las enfermedades cardiovasculares y el riesgo de cáncer. Está directamente inspirada en los hábitos alimentarios que tradicionalmente tenían las poblaciones del entorno mediterráneo. Favorece el consumo de vegetales, grasas de calidad y cereales integrales. Por el contrario, las carnes rojas, el azúcar y los productos industriales tienen un lugar muy limitado.

Características de la dieta mediterránea:

•   Protector contra enfermedades cardiovasculares y ciertos tipos de cáncer
•   Basada en una dieta constituida por plantas
•   Grasas insaturadas de alta calidad
•   Aporte excepcional de fibra, antioxidantes y vitaminas
•   La pérdida de peso no es una prioridad

Los principios básicos de la dieta

Fue un estudio científico realizado por Ancel Keys en la década de 1950 que destacó la esperanza de vida superior de las poblaciones de Creta y Corfú a pesar de un sistema de salud rudimentario. En los años 90, la "paradoja francesa" del Dr. Serge Renaud también destacó el vínculo entre la dieta mediterránea y la baja tasa de recurrencia de enfermedades cardiovasculares.

¿Cómo funciona la dieta mediterránea?

El objetivo de la dieta mediterránea no es perder peso sino preservar la salud arterial para prevenir enfermedades cardiovasculares y reducir el riesgo de contraer cáncer. Dado que la frecuencia de consumo de alimentos grasos, azucarados y procesados es baja, esto suele inducir a la pérdida de peso.

¿Cómo conduce la dieta mediterránea a la pérdida de peso?

Con un interesante contenido en ácidos grasos monoinsaturados (del aceite de oliva) y una baja cantidad de ácidos grasos saturados (carne grasa), la dieta mediterránea puede reducir los niveles de colesterol y la aterosclerosis. Además, se cree que las frutas y verduras y el vino tinto que contienen taninos proporcionan una excelente fuente de antioxidantes que ayudan a proteger contra las enfermedades relacionadas con la edad. Sin embargo, estos efectos se ven en personas que hacen ejercicio regularmente, por lo que es fundamental combinar esta dieta con un estilo de vida activo para ver los beneficios.

¿Cuánto dura la dieta mediterránea?

La dieta mediterránea no tiene límite de tiempo. Los beneficios sobre la salud, y en particular la prevención de enfermedades cardiovasculares, se observan a largo plazo. Más bien, es una forma de vida en la que inspirarse a diario para elegir mejores alimentos.

Alimentos permitidos en la dieta cretense y frecuencia de consumo

Estas son las diferentes categorías de alimentos y su frecuencia de consumo en la dieta mediterránea:

*   Abundancia de productos integrales.
*   Abundancia de frutas y verduras.
*   Abundancia de ajo, cebolla, especias y hierbas.
*   Uso de aceite de oliva y colza como grasas.
*   Consumo diario de legumbres, frutos secos y semillas
*   Consumo diario de yogur y queso de oveja (pero sin leche)
*   Consumo diario, pero moderado, de vino tinto (12 cl/día)
*   Gran consumo de pescado (varias veces a la semana)
*   Consumo limitado de pollo y huevos (algunas veces a la semana)
*   Consumo limitado de alimentos azucarados (algunas veces a la semana)
*   Consumo muy limitado de carne roja (algunas veces al mes)
*   Ingesta calórica diaria razonable (1800 a 2500 calorías por día dependiendo de la actividad física)

Dieta mediterránea: recetas y menú típico

Desayuno:
• Pan integral y aceite de oliva
• Yogur de oveja con miel y almendras
• Naranja
Comida:
• Tomates en aceite de oliva, ajo y albahaca
• Arroz salvaje con verduritas
• Garbanzos con cilantro
• Ensalada de frutas con canela
Cena:
• Pimientos asados en aceite de oliva
• Sardinas Pan integral
• 1 copa de vino tinto

Ventajas y desventajas

Los beneficios de la dieta mediterránea:

• Excelente aporte de ácidos grasos de calidad
• Rica en micronutrientes, antioxidantes y fibra dietética
• Protección contra el envejecimiento celular y enfermedades cardiovasculares
• Sin frustración ni monotonía.
• Fácil de seguir
• Compatible con una vida social activa
• Saciedad aportada por fibras y proteínas vegetales
Los aspectos negativos de la dieta mediterránea
• Disminución de la calidad de los alimentos (metales pesados en el pescado, pesticidas, etc.)
• Requiere un esfuerzo de adaptación cultural

- Puede ser difícil de seguir para los grandes consumidores de carne roja.
- Requiere algo de cocción

Recomendaciones y precauciones a tomar

¿Existen riesgos?

Siempre que la dieta mediterránea se adapte a las necesidades del cuerpo, no hay riesgo en seguirla. Es, por el contrario, una dieta variada y equilibrada, rica en micro y macronutrientes de muy alta calidad.

Está especialmente indicada si se padecen alteraciones del equilibrio lipídico (hipercolesterolemia, hipertrigliceridemia, etc.), síndrome metabólico o antecedentes de patologías cardiovasculares. Si tiene sobrepeso, la dieta mediterránea también puede ser una excelente manera de lograr un peso saludable. Si ya está sano, la dieta cretense le permitirá mantener este estado óptimo de salud durante el mayor tiempo posible.

¿Es una dieta compatible con el deporte?

De hecho, la actividad física es uno de los pilares de la dieta mediterránea. Por ello, para optimizar los efectos de la dieta mediterránea, se recomienda practicar 30 minutos de actividad al día: caminar, hacer senderismo, montar en bicicleta, correr, nadar, bailar, etc.

¿Cómo no recuperar peso?

Dado que la dieta mediterránea no es baja en calorías ni restrictiva, no hay razón para aumentar de peso. Además, es una forma de vida que se supone que se adoptará a muy largo plazo. Mientras se mantengan los buenos hábitos, nada puede justificar el aumento de peso.

Opinión del dietista sobre la dieta mediterránea

La dieta mediterránea es una muy buena fuente de inspiración para comer sano a diario sin ceder al llamado de las dietas restrictivas. Da pautas para una dieta equilibrada y es muy fácil de seguir para personas acostumbradas a cocinar y amantes de los sabores de las cocinas del sur. Ayuda tanto a preservar el sistema cardiovascular como a lograr y mantener un peso saludable. Solo puedo recomendar seguir los principios fundamentales de la dieta cretense diariamente para estar y mantenerse saludable

Dieta keto o cetogénica

"Come grasas para adelgazar". Esto es lo que ofrece la dieta cetogénica, trastornando nuestros hábitos alimenticios tradicionales. Es alabada por algunos y criticada por otros. Como habrás entendido, la dieta keto o dieta cetogénica es una dieta controvertida de la que se habla mucho.

Mientras muchos científicos coinciden en que es eficaz en el tratamiento de muchas enfermedades, otros la desaconsejan por su aspecto excesivamente restrictivo y los riesgos que conlleva.

Descubramos su origen, pero sobre todo sus beneficios y los riesgos que puede ocasionar una dieta cetogénica. Macronutrientes, estado de cetosis, pérdida de peso o incluso tratamiento de la diabetes tipo 2, sabrás todo lo que necesitas saber antes de empezar una dieta cetogénica.

Origen

La dieta cetogénica se originó en la década de 1920. En ese momento, los médicos buscaban activamente una solución para aliviar a los niños con trastornos convulsivos graves. Tras haber obtenido resultados mixtos en un tratamiento basado en el ayuno, deciden realizar varios estudios para analizar las consecuencias de una dieta cetogénica. Así, de año en año, los científicos realizan muchos estudios concluyentes. En 1998 en particular, se realizó un estudio entre 51 niños con un promedio de 230 ataques mensuales. Esto reveló resultados muy positivos y alentadores. Casi la mitad de los niños pudo controlar más del 90% de sus ataques y casi el 40% controló más del 50 al 90% de sus ataques. Durante el mismo año, se realizó un estudio en niños de entre 1 y 16 años que sufrían más de 400 convulsiones al mes. Después de un año con la dieta cetogénica, el 7 % de ellos no tuvo convulsiones y casi el 30 % de los sujetos pudo reducir su frecuencia en casi un 90 %.

Esta dieta todavía se usa hoy en día para ayudar a reducir la frecuencia y controlar los ataques epilépticos en los niños. Pero su reputación se ha creado desde hace unos años y se utiliza por muchas otras razones que describiremos a continuación.

¿Qué es la dieta cetogénica?

La dieta keto es una dieta denominada estricta e incluso restrictiva. Esta última ofrece un modelo nutricional totalmente diferente a las recomendaciones habituales que conocemos. Consiste en reducir drásticamente la proporción de carbohidratos ingeridos diariamente.

Para entrar en estado de cetosis, es necesario respetar una proporción específica de macronutrientes. Este se compone de 70-80% de grasa, 20-25% de proteína y 5-10% de carbohidratos. A modo de comparación, una dieta más clásica está compuesta por un 55% de carbohidratos, un 30% de lípidos y un 15% de proteínas.

Esta reducción muy significativa de carbohidratos tiene como objetivo permitir que el cuerpo entre en un estado de cetosis. Estar en cetosis es un estado metabólico que requiere una dieta especial. Durante este tiempo, el cuerpo ya no extraerá su energía del azúcar como solía hacerlo. Por otro lado, lo extraerá de las grasas, gracias a los cuerpos cetónicos.

En resumen, el estado de cetosis consiste en obligar a tu cuerpo a recurrir a las reservas de grasa para encontrar su energía, privándolo de su fuente habitual, los hidratos de carbono.

Es decir, los alimentos a favorecer son el pescado azul, los frutos secos y las verduras bajas en hidratos de carbono como la gran mayoría de las verduras de hoja verde, el tomate o el pimiento. Por otro lado, es necesario eliminar los cereales a base de trigo, la pasta blanca, el arroz blanco, gran parte de las frutas y las bebidas azucaradas.

Las ventajas y beneficios de la dieta cetogénica: ¿por qué adoptarla?

En el corazón de muchas investigaciones científicas, a la dieta cetogénica ahora se le atribuyen muchas ventajas y beneficios. Algunos incluso confirman el interés de esta dieta para la prevención y tratamiento de muchas enfermedades.

Sin embargo, la investigación científica sobre el tema es incesante. Aunque son muchos los que demuestran cierto interés por esta dieta, hay que tener en cuenta que todavía hay muchos estudios en curso y que, por tanto, los resultados aún no son 100% fiables. Por lo tanto, hemos elaborado un pequeño resumen de esta investigación, ¡para que pueda saber un poco más sobre estos beneficios!

- **Beneficio 1: La dieta Keto para bajar de peso**

El efecto de la dieta cetogénica sobre el peso ha sido probado a través de numerosos estudios sobre el tema. Al menos 13 estudios también han revelado que la dieta cetogénica sería más efectiva para perder peso que una dieta baja en grasas. De hecho, las personas que siguieron esta dieta habrían perdido casi un kilo de más por una ingesta calórica similar a las personas que siguieron una dieta baja en grasas.

La pérdida de peso gracias a la dieta cetogénica se explica por varios factores:
• Según varios estudios científicos, una mayor ingesta de proteínas promueve la pérdida de peso porque la proteína permite, entre otras cosas, sentir la sensación de saciedad más rápidamente. Esta es una de las razones por las que se sabe que la dieta cetogénica suprime el apetito.
• El efecto supresor del apetito también se debe a los cambios hormonales causados por este cambio en la dieta.
• Disminución del almacenamiento de grasa. Esto se debe a que el exceso de carbohidratos se almacena en el cuerpo como grasa. Sin embargo, con una dieta cetogénica, la ingesta de carbohidratos es mínima y la grasa se usa para proporcionar energía.

Sin embargo, tenga cuidado de no consumir proteínas en exceso porque un exceso se convertiría en carbohidratos y luego lo sacaría de su estado de cetosis. También tenga cuidado de satisfacer sus necesidades calóricas, ya que los estudios han demostrado que una reducción excesiva de las calorías ingeridas puede ralentizar su metabolismo, lo que dificulta la pérdida de peso a largo plazo.

- **Beneficio 2: La dieta keto como tratamiento para enfermedades**

Se realizan muchos estudios para analizar los efectos positivos de la dieta cetogénica en multitud de enfermedades. Por lo tanto, algunos, aún en curso, deben tomarse en retrospectiva. Aquí están las diferentes condiciones para las cuales la dieta cetogénica ha sido estudiada o todavía está siendo estudiada como tratamiento:

- La dieta cetogénica contra la diabetes tipo 2 o prediabetes
- La dieta cetogénica no es adecuada en el contexto de la diabetes tipo 1 porque el diabético tipo 1 debe seguir comiendo carbohidratos. De hecho, como se inyecta dosis continuas de insulina, un bajo consumo de hidratos de carbono provocaría el riesgo de caer en una cetoacidosis aguda.

Sin embargo, la dieta cetogénica sería beneficiosa para los diabéticos tipo 2 gracias a su efecto sobre el azúcar en sangre y el peso.

Varios estudios han mostrado resultados de que la dieta cetogénica puede reducir los niveles de insulina. De hecho, un estudio realizado en personas con diabetes tipo 2 durante cuatro meses incluso demostró una reducción significativa del 16% en el azúcar en la sangre. ¡También establece que un tercio de los participantes pudieron suspender por completo todos sus medicamentos para la diabetes! Otro estudio encontró que después de dos semanas con la dieta cetogénica, la sensibilidad a la insulina mejoró en un 75 %.

La dieta cetogénica mejoraría por tanto la sensibilidad a la insulina y la pérdida de grasa, mejorando la salud de las personas con diabetes tipo 2 o estabilizando la salud de las personas con prediabetes.

• La dieta cetogénica para la epilepsia
Ya lo explicamos en el origen de la dieta cetogénica. Es un tratamiento oficialmente efectivo recomendado por médicos para las convulsiones en niños con epilepsia. Actualmente, esta dieta se sigue utilizando y aconsejando para intentar reducir las convulsiones.

• La dieta cetogénica contra el cáncer
En un principio, los especialistas se interesaron por esta dieta tras varias observaciones. Entre otras cosas, fue en 1922 cuando el científico Braunstein observó que la glucosa desaparecía de la orina de los pacientes diabéticos tras ser diagnosticados con cáncer. Esta desaparición sugirió que la glucosa se reclutó en las áreas cancerosas y se consumió allí a tasas más altas de lo normal. Luego, varios estudios lo llevaron a pensar que privar a las células cancerosas de glucosa podría dañarlas y, por lo tanto, promover la curación.

Por lo tanto, la dieta cetogénica se está estudiando actualmente como tratamiento para varios tipos de cáncer. Ya se han realizado varios estudios y sugieren que una dieta cetogénica puede ayudar a retrasar el crecimiento del tumor, incluso detener el crecimiento e incluso suprimir el tumor en el mejor de los casos. Los científicos también están estudiando el efecto de la dieta sobre la sensibilidad de los tumores a la quimioterapia.

Numerosos estudios, siempre concluyentes, han podido reportar un efecto significativo sobre tumores cerebrales, cánceres de próstata, colon, páncreas y pulmón.

Sin embargo, cada cáncer es diferente y cada uno tiene varios subtipos genéticos. La efectividad de la dieta cetogénica depende no solo del individuo sino también de la entidad tumoral y su genotipo. Por lo tanto, lamentablemente todavía es imposible, en la actualidad, prometer que la adopción de una dieta cetogénica será beneficiosa para el tratamiento del cáncer.

- La dieta cetogénica para la enfermedad de Alzheimer

Se están realizando muchos estudios y, por lo tanto, los pocos resultados que ya tenemos deben tomarse con cautela. Sin embargo, según varios estudios ya realizados, parece que la dieta cetogénica puede reducir los síntomas de la enfermedad de Alzheimer y frenar su progresión.

De hecho, según varios estudios, la presencia de cuerpos cetónicos tiene un impacto neuroprotector sobre el envejecimiento de las células cerebrales. La adopción de la dieta también está relacionada con un mejor rendimiento cognitivo en las personas mayores con la enfermedad. Sin embargo, los resultados cognitivos mejorados dependen del nivel y la duración de la cetosis.

No obstante, también se debe tener en cuenta que la aplicación de la dieta cetogénica a los ancianos genera algunas preocupaciones. De hecho, estos perfiles corren riesgo de desnutrición y, en general, son muy sensibles a un cambio tan drástico en la dieta.

- La dieta cetogénica para la prevención de la enfermedad de Parkinson.

Actualmente, los estudios muestran que la dieta ayudaría a mejorar los síntomas de la enfermedad de Parkinson. De hecho, la vida cotidiana motora y no motora habría mejorado.

De la misma manera que para luchar contra la enfermedad de Alzheimer, hay que tener en cuenta que la adopción de una dieta cetogénica en personas mayores está sujeta a la adopción de precauciones adicionales.

Los riesgos de la dieta cetogénica

Según Harvard Medical Review, la dieta cetogénica no es el tipo de dieta que se debe probar experimentalmente. No dude en hablar con personas calificadas y preguntar si esta dieta puede ser adecuada para usted. De hecho, la dieta cetogénica consiste en cambiar abruptamente su dieta. El objetivo es imitar el ayuno. Al hacer esto, el cuerpo extrae su energía de una fuente diferente a la que piensa naturalmente.

Más allá de eso, las proporciones de macronutrientes que impone esta dieta pueden acarrear riesgos que es mejor conocer de antemano. Entre ellos:

- **Riesgo 1: aumento del colesterol malo (LDL)**

Según casi una veintena de estudios, el colesterol malo aumenta significativamente con la dieta cetogénica. No es tan sorprendente ya que la dieta cetogénica es rica en grasas saturadas. Tenga cuidado, sin embargo, porque estos están estrechamente relacionados con las enfermedades del corazón.

- **Riesgo 2: Deficiencias de nutrientes**

Esta dieta desaconseja un buen número de alimentos conocidos por aportar micronutrientes esenciales para el buen funcionamiento del organismo. Entre ellos, las frutas y verduras, pero también los cereales, están muy limitados en la dieta cetogénica. Por lo tanto, es necesario un seguimiento para evitar deficiencias de selenio, magnesio, fósforo y vitaminas B y C.

- **Riesgo 3: Agravación de problemas hepáticos preexistentes**

Con tanta grasa para metabolizar, la dieta podría empeorar los problemas hepáticos existentes. Si tiene problemas de salud, siempre consulte a su médico antes de comenzar una dieta cetogénica. Este no es un cambio que deba tomarse a la ligera, la dieta cetogénica es muy diferente a una dieta convencional.

- **Riesgo 4: problemas renales**

Los riñones ayudan a metabolizar las proteínas. Sin embargo, un aumento en el consumo de proteínas puede sobrecargar los riñones y causar fallas. Asegúrese de consumir suficientes proteínas, pero no demasiadas.

- **Riesgo 5: Problemas intestinales**

La dieta cetogénica es baja en alimentos fibrosos como cereales y legumbres. Para superar esta deficiencia potencial, puede consumir fibras sin gluten como el psyllium.

- **Riesgo 6: Cambios de humor y dificultad para concentrarse**

El cerebro está acostumbrado a extraer su energía del azúcar y la necesita. Un cambio tan drástico en la dieta puede causar confusión e irritabilidad. Esta condición suele ser temporal, pero siéntete libre de aumentar tu cantidad de carbohidratos si persiste. Como recordatorio, una dieta baja en carbohidratos se puede dividir en tres niveles según la cantidad de carbohidratos ingeridos por día: estricta (o ceto), moderada y liberal.

Capítulo 4
Consejos para dejar el trigo

• Cuando vaya de compras, revise los ingredientes cuidadosamente y busque productos sin trigo, centeno y cebada. Esto podría significar elegir productos certificados sin gluten en algunos casos, aunque estos también pueden estar altamente procesados.

Las fuentes más sustanciales de trigo en la dieta son probablemente el pan y los productos horneados elaborados con harina de trigo (como pizza, pasta, pan, etc.). por lo que si no se especifica que estos son libres de gluten ("gluten-free"), significa que contienen trigo.

• Cuando se trata de usar harina en recetas, pruebe algunas de estas harinas alternativas naturalmente libres de gluten: quinua, garbanzos, arroz, almendras y harina de coco.

• Si quieres comprar pan, opta por pan de masa madre o pan de trigo germinado (como el pan Ezequiel), que suelen tolerarse mejor que el pan de harina de trigo normal.

• Muchos tipos de alcohol, incluida la cerveza, también contienen trigo. Los licores y el vino son mejores opciones, sin embargo, tenga cuidado con la cantidad y con qué los mezcla.

• Recuerda que el trigo se esconde en muchos condimentos, salsas, etc. evita los que contienen harina y azúcar añadido.

Contraindicaciones y advertencias:

Puede notar que mientras sigue la dieta de cero trigo y todas las fuentes de gluten, aún no verá una gran mejoría en sus síntomas. Tenga en cuenta que el gluten no es lo único que puede causar problemas digestivos o aumento de peso. Otros alimentos inflamatorios o malos hábitos pueden contribuir a problemas como malestar digestivo, obesidad, "mente nublada" y fatiga.

Otros alimentos alergénicos comunes además del trigo para tratar de reducir o excluir, como durante una dieta de eliminación incluyen productos lácteos, nueces, mariscos y huevos. Para algunas personas, los alimentos que contienen FODMAP (hace referencia, por tanto, a un grupo de carbohidratos de cadena corta y polioles que no se digieren totalmente en el intestino delgado, llegando hasta el colon) también pueden desencadenar problemas digestivos, incluidos los síntomas del síndrome del intestino irritable (SII). De hecho, algunos expertos incluso sospechan que, para algunas personas, los FODMAP son los verdaderos culpables de la sensibilidad al trigo no celíaca (NCGS), en lugar de solo el gluten.

También hay alguna evidencia de que algunas personas pueden experimentar mejoras en su salud cuando se enfocan más en una dieta rica en vegetales, consumo moderado de carbohidratos, limitando demasiada carne, aceites refinados, quesos y azúcar.

Por ejemplo, "Annals of Internal Medicine" de 2010 publicó el artículo "Dietas bajas en carbohidratos y - todas las causas contribuyentes - sobre la mortalidad" que demuestra que las dietas bajas en carbohidratos con alto contenido de grasas y alimentos de origen animal pueden estar asociados con un mayor riesgo de enfermedad cardiovascular, enfermedades y otras causas de mortalidad.

Entonces, ya sea que elija excluir o incluir el trigo en su dieta, primero recuerde que comer alimentos integrales y orgánicos es la clave para una salud duradera.

Capítulo 5
Tipos de harinas

Harinas sin hidratos de carbono: aquí tiene las mejores para una dieta sana sin renunciar al sabor

A menudo oímos hablar de harinas sin hidratos de carbono, es decir, harinas proteicas alternativas de bajo índice glucémico, sin azúcar y con bajo contenido en hidratos de carbono, que se utilizan sobre todo en las dietas.

Es correcto especificar que no hay harinas sin carbohidratos, sino harinas bajas en carbohidratos. Estas harinas tienen un contenido muy alto en fibra y proteínas y un mínimo de hidratos de carbono, lo que se traduce en un índice glucémico muy bajo.

Entre las harinas alternativas, la harina de algarroba es la que tiene menor contenido en hidratos de carbono, seguida de la harina de almendras. Por lo general, las harinas de semillas son harinas con pocos hidratos de carbono, mucha fibra, una porción bastante variable de proteínas y un buen contenido en ácidos grasos, como por ejemplo la harina de linaza.

También existen otras harinas libres de carbohidratos, como la harina de soja, la harina de legumbres y la harina de centeno, por citar algunas, pero vamos a verlas todas en detalle.

• Harinas de legumbres
• Harina de trigo sarraceno

- Harina de centeno
- Harina de anacardo
- Harina de soja
- Harina de almendra
- Harina de coco
- Harina de sésamo
- Harina de algarroba

Harinas de legumbres

Las harinas de legumbres permiten limitar los hidratos de carbono con un resultado muy saciante gracias al alto contenido en proteínas vegetales.

Se utilizan para reducir la cantidad de harina y gluten en los productos leudados, aumentando el aporte proteico del producto final, o se utilizan en la elaboración de tortillas y postres vegetales para un toque más decidido de sabor y mayor suavidad.

Entre las más utilizadas se encuentran la harina de garbanzos, la harina de guisantes, la harina de lentejas, la harina de chocho y la harina de habas.

Harina de trigo sarraceno

La harina de trigo sarraceno no contiene gluten, es rica en fibra soluble que limita la absorción de carbohidratos y aminoácidos esenciales.

El trigo sarraceno se define como un "pseudocereal" ya que no es un cereal real, siendo una planta completamente diferente a las gramíneas, sus aquenios, pequeños frutos triangulares con una sola semilla, pueden ser molidos para obtener harina.

Es una harina baja en carbohidratos: 100 gramos de trigo sarraceno 72 g de carbohidratos, 13 g de proteína y 3,4 g de grasa.

En la cocina se mezcla con otras harinas, o se utiliza para la preparación de pan, pasta, pizza y algunos postres.

Harina de centeno

La harina de centeno, en particular la integral, asegura un aporte muy elevado de fibras, así como el aporte de calcio, hierro, yodo, potasio y ácido fólico.

El centeno es un cereal y su harina contiene trazas de gluten, por lo que no es apto para celíacos. Tiene una menor cantidad de hidratos de carbono que las harinas clásicas y se utiliza sobre todo para hacer pan, focaccia, wraps y postres como las galletas.

Harina de anacardo

La harina de anacardo se obtiene triturando las semillas, esta contiene un 35% de proteínas y un 16% de carbohidratos totales y una buena cantidad de ácidos grasos, siendo el contenido de carbohidratos muy bajo.

No es una harina sin calorías, por lo que no es apta para quienes siguen una dieta encaminada a la pérdida de peso. En la cocina se utiliza para preparar pasteles, pan, galletas y diversos postres con levadura, la mayoría de las veces mezclado con otras harinas.

Harina de soja

La harina de soja no contiene gluten y es muy proteica, contiene muy pocos almidones y es de fácil digestión, se utiliza sobre todo para hacer pastas bajas en carbohidratos, además, es ideal para quienes padecen diabetes y celiaquía, ya que tiene un muy bajo índice glucémico y le permite perder peso en poco tiempo.

Se utiliza, tanto mezclada con otras harinas como sola, para preparar bizcochos, muffins, donuts y tartas dulces y saladas.

Harina de almendra

La harina de almendras es rica en proteínas y no contiene gluten, además aporta al organismo magnesio y diversas sales minerales que ayudan a combatir el estrés y la sensación de cansancio.

Se utiliza en la cocina para enriquecer los postres y para preparar la famosa pasta de almendras, pero también es excelente para crear decoraciones en pasteles.

Harina de coco

La harina de coco es otra harina libre de carbohidratos que se obtiene triturando la pulpa del coco deshidratado.

Tiene un índice glucémico muy bajo y aporta una buena cantidad de fibra, es una harina muy calórica por lo que no es apta para quienes siguen una dieta y muy pobre en agua. En la cocina se utiliza principalmente para la elaboración de postres y tartas.

Harina de sésamo

Entre las harinas con bajo contenido en hidratos de carbono se encuentra la harina de sésamo, rica en proteínas y vitamina E, se suele utilizar mezclada con otros tipos de harina y permite ingerir muchos antioxidantes y minerales preciosos como el fósforo y el magnesio.

Esta harina se usa para hacer pasta, pan, focaccia, palitos de pan y se usa, junto con la harina de almendras, para hacer galletas, pero también se puede usar para hacer pasteles, magdalenas y otros postres bajos en carbohidratos.

Harina de algarroba

La harina de algarroba se obtiene precisamente de la algarroba, un fruto espontáneo de la algarroba, un árbol de hoja perenne que produce unas vainas muy parecidas a las habas que contienen las semillas con las que se prepara la harina.

Es rica en minerales como el calcio y el hierro, pero también en vitaminas, y es la harina con menos hidratos de carbono de la historia, no contiene colesterol y tiene una cantidad muy baja de grasas.
En la cocina se utiliza como sustituto del café, el cacao y el azúcar en la preparación sobre todo de postres y también se utiliza como ingrediente adicional para preparar pastas frescas y panes especiales.

Capítulo 6
La dieta sin harinas:
beneficios y consecuencias

Si deseas eliminar las harinas de tu alimentación, es importante que conozcas de qué manera actúan en tu cuerpo, pues de no buscar sustitutivos podría ser perjudicial para la salud.

En la actualidad la gran mayoría de personas buscan día a día sentirse mejor y cuidar su salud, a través de una sana alimentación. Por esta razón, es muy común escuchar hablar de la dieta sin harinas.

El proceso de refinamiento de las harinas, en el cual se excluyen los nutrientes propios del producto natural, ha causado una alarma. Se considera que originan dependencia y son perjudiciales para la salud.

En ese sentido, muchas personas las han apartado de sus dietas, o por lo menos han intentado excluirlas poco a poco. No obstante, una decisión tan drástica puede conllevar consecuencias negativas.

¿Qué significa una dieta sin harinas?

La palabra harina se emplea en un sentido particular, para referirse al polvo que resulta de la molienda del trigo u otros cereales. Sin embargo, cuando se habla de una dieta sin harinas, se refiere a todos los alimentos que contienen almidones. Esto incluye:

- Pan.
- Galletas.
- Pastas.
- Papa.
- Maíz y sus derivados.
- Batata y otros tubérculos.
- Arroz blanco.
- Azúcar y productos elaborados con él.

En general, también se incluyen todos aquellos alimentos que contengan trigo de una u otra forma. Y te sorprendería la cantidad de productos que tienen un poco de harina, sin que se note. Así que, revisa siempre la lista de ingredientes.

¿Y qué nos quedaría entonces en una dieta sin harinas? La alimentación se basaría en el consumo de frutas frescas, legumbres, verduras y hortalizas, carnes, aves, pescados, huevos y lácteos, entre otros.

Beneficios de una dieta sin harinas

Al eliminar de la dieta todo este tipo de alimentos, se reduce de forma considerable el aporte de carbohidratos. Y, aunque para muchos pueda parecer una moda o una tendencia, la evidencia científica aporta datos sobre posibles beneficios para la salud.

Entre estos cabe destacar:

- una mayor sensación de saciedad y reducción del apetito;
- una pérdida de peso inicial más rápida sin pasar hambre o una reducción mayor de grasa abdominal;

•   a largo plazo pueden reducir el riesgo de padecer diabetes o síndrome metabólico.

Ahora bien, quizás no es necesario cortar del todo el aporte de carbohidratos y dejar de comer todos los alimentos comentados. Como señalan los expertos de la Universidad de Harvard, la calidad importa tanto como la cantidad.

Por lo tanto, hacer cambios en el tipo de productos elegidos también reporta beneficios para la salud. Estos pasan por añadir a la alimentación diaria carbohidratos buenos y desechar los refinados. A continuación, enumeramos con más detalle todo lo bueno que este cambio te puede aportar.

1. Modificaciones en tu cuerpo
Notarás un cambio sorprendente en tu cuerpo, pues te ayudará a adelgazar si sufres de sobrepeso. Un estudio realizado por la Universidad Nacional de Colombia establece una relación muy estrecha entre el abuso de alimentos y bebidas procesadas (refinadas) y la aparición de obesidad.

Además, para las personas que padecen sobrepeso u obesidad, se observa una mayor pérdida de peso al seguir una dieta con restricción de hidratos de carbono durante 6 meses. Esta se compara con una dieta de adelgazamiento más tradicional, baja en calorías y grasas.

2. Te sentirás más lleno
Aunque sea difícil de creer, eliminando las harinas sentirás más saciedad y menos apetito. Si sustituyes las harinas refinadas por las harinas o los granos

integrales, esta sensación se mantendrá durante más tiempo. La responsable de ello es la fibra que contienen, según afirma un estudio realizado por el Hospital La Fuenfría (Madrid).

3. Con una dieta sin harinas regularás los triglicéridos

Si los tienes altos, los niveles de triglicéridos disminuirán, ya que el hígado dejará de crear la grasa que se genera a partir del exceso de glucosa, que aportan estos carbohidratos.

4. Mejora la salud cardiovascular

Las dietas con un alto contenido en carbohidratos parecen estar asociadas con la hipertensión arterial, la obesidad, el síndrome metabólico o la diabetes. Todos ellos aumentan el riesgo de padecer problemas cardiovasculares. Y esta relación es más marcada cuando se trata de harinas refinadas y alimentos con un alto índice glucémico.

Por el momento los efectos positivos de las dietas sin harina se han observado en un plazo de 6 a 11 meses. Sin embargo, faltan más datos para evaluar si también se mantienen a lo largo del tiempo.

5. Salud digestiva

Las personas que padecen síndrome de colon irritable se pueden ver beneficiadas al seguir la dieta. En distintas investigaciones se ha observado mejora del dolor abdominal, la frecuencia de deposiciones o disminución de la hinchazón.

Consecuencias de una dieta sin harinas

Pese a sus notorios beneficios, una dieta sin harinas también puede provocar diversas consecuencias negativas, algunas graves. Entre estas podemos mencionar los siguientes.

1. Falta de energía
La fuente de energía principal del ser humano es la glucosa que se obtiene de los carbohidratos. Si no se consumen, se puede entrar en cetosis y aparecer una serie de síntomas incómodos:

* Mareos.
* Arritmias.
* Mal humor.
* Náuseas o dolor de estómago.
* Mal aliento.
* Orina con olores fuertes.
* Bajo rendimiento sexual.
* Pérdida de masa muscular y de calcio.

2. Falta de nutrientes
Cuando una dieta restringe mucho un grupo de alimentos amplio, se corre el riesgo de no cubrir las necesidades de algunos nutrientes concretos. En este caso podría faltar la fibra o algunas vitaminas del grupo B, si no se introducen las fuentes adecuadas.

3. Posible síndrome de abstinencia
Por otro lado, también comenzarás a padecer el síndrome de la abstinencia a los carbohidratos. Estos generan placer en un área del cerebro que se llama zona de recompensa y al dejar de consumirlos genera una sensación de mucho malestar, según afirma una

investigación realizada en la Universidad de los Andes (Venezuela).

Recomendaciones para una dieta sin harinas

Como se ha referido a lo largo de los anteriores capítulos, las dietas que restringen el aporte de harinas pueden presentar tanto beneficios como efectos secundarios no deseables. Así que, si estás pensando en adoptarla, te ofrecemos algunos consejos útiles para tener en cuenta.

¿Son malas todas las harinas?

En general se considera que las harinas blancas son las más procesadas, por lo que resultan menos sanas. Se pueden reemplazar, en primer lugar, por las integrales. Es oportuno acotar que estas conservan la fibra, sus vitaminas y minerales.

Limitar las harinas y no eliminarlas

Para llevar a cabo una dieta sana, no necesitas eliminar por completo de tu alimentación estos carbohidratos. Como ya se mencionó, su exclusión puede ser perjudicial.

Ahora bien, puede que la mejor decisión consista en limitar las harinas blancas o refinadas y todos los productos procesados que las pueden contener.

Reemplazo por otras opciones saludables

Dentro de los alimentos que se clasifican como "harinas" se encuentran algunas opciones que son menos aconsejables. Entre estas sí que es conveniente eliminar la bollería, los pasteles o determinados alimentos procesados.

Capítulo 7
Intolerancia al trigo

Consejos y recetas sobre qué comer

Las intolerancias alimentarias se están extendiendo de forma exponencial, hasta el punto de que algunos estudios realizados en población europea han calculado una presencia del 13% de los niños y del 10% de los adultos. Además, muy a menudo tendemos a confundir la intolerancia alimentaria con una alergia, cuando en realidad las dos son bastante distintas. Para arrojar algo de luz, el EUFIC o Consejo Europeo de Información Alimentaria viene en nuestra ayuda, una organización sin fines de lucro que brinda información científicamente correcta sobre seguridad, calidad de los alimentos, salud y nutrición. Quienes son intolerantes al trigo pueden encontrar fácilmente en el supermercado productos diseñados específicamente para esta necesidad alimentaria, a continuación, también encontrarás una guía muy sencilla para saber qué comer si sufre de intolerancia al trigo.

Intolerancia y alergia, las diferencias

El EUFIC explicó por primera vez que la alergia alimentaria a menudo es hereditaria y generalmente se diagnostica en los primeros años de vida. En la práctica, es una forma específica de intolerancia que desencadena una serie de reacciones en el sistema inmunitario, incluida la producción de anticuerpos. Por lo tanto, el cuerpo reacciona a un determinado alérgeno liberando sustancias químicas orgánicas, como la histamina, que causan síntomas como picazón, secreción nasal, tos y dificultad para respirar.

La confusión a menudo surge del hecho de que la intolerancia puede causar síntomas similares a la alergia, como náuseas, diarrea y calambres estomacales, pero la reacción no involucra al sistema inmunológico o solo a nuestro metabolismo: en palabras más simples, somos incapaces de digerir y asimilar. correctamente un alimento.

¿La intolerancia al trigo y la intolerancia al gluten son lo mismo?

En el caso concreto de la intolerancia al trigo hay que hacer una aclaración más, ya que suele confundirse con la celiaquía, o más bien con la intolerancia al gluten, proteína presente en muchos cereales incluido el trigo. La persona intolerante al trigo, en cambio, puede comer con seguridad alimentos que contengan gluten a excepción del propio trigo. Los síntomas de este tipo de intolerancia aparecen rápidamente después de comer y suelen consistir en signos visibles en el cuerpo como dermatitis, caspa, urticaria, picor, hinchazón de la piel o calambres, diarrea, náuseas, vómitos, dolor de cabeza.

Sin embargo, siempre es necesaria la evaluación de un médico experto para establecer con certeza la conexión entre estas manifestaciones y la patología. Los alérgenos que desencadenan la intolerancia al trigo están presentes en todo el grano, por lo que es necesario que quienes los padecen eviten las harinas blancas, las harinas integrales y el salvado, pero también el centeno, la espelta y el kamut, que son alimentos muy similares a la composición orgánica del trigo. Sin embargo, los intolerantes al trigo no necesariamente tienen que privarse de ciertas categorías específicas de alimentos como el pan, la pasta o los dulces, ya que pueden contar con muchas alternativas que hay actualmente en el mercado.

Intolerancia al trigo, qué comer para mejorar

Para los que no pueden comer trigo existen productos a base de harina de cebada, harina de arroz, harina de maíz, harina de mijo, harina de avena, harina de quinoa, harina de garbanzo, harina de castaña y harina de trigo sarraceno. Este último alimento, a pesar de que el nombre pueda sugerir lo contrario, en realidad no es una hierba y desde el punto de vista de la composición no tiene vínculos con el trigo, por lo que se considera un alimento seguro. Para empezar el día puedes comer tortitas de arroz, o copos de maíz con yogur, y luego continuar con ensaladas de arroz o cebada, pero también un buen risotto caliente. Por la noche, nunca te pierdas el Egumi enlatado, quizás acompañado de una humeante crema de papas. Quienes padecen esta intolerancia, por tanto, teóricamente pueden comer cualquier cosa: lo importante es encontrar alimentos alternativos al trigo en los supermercados o tiendas especializadas, especialmente pensados para personas intolerantes al trigo.

Intolerancia al trigo: alimentos a evitar

Luego hay algunos alimentos a evitar absolutamente para quienes son intolerantes al trigo, empezando por los clásicos de bollería como dulces varios, pizzas y bizcochos, y siguiendo con productos enlatados como sopas y legumbres, que deben ser eliminados del plan alimentario.

Cuidado con los postres, nada de tartas de masa quebrada ni helados.

Durante una cena, el segundo plato será sin duda el plato con menos alimentos a evitar, pero es importante no comer verduras gratinadas, platos aromatizados con cubitos, conservas de carnes y embutidos. Lógicamente, se suprimirán las harinas blancas, así como las harinas integrales o de salvado.

Definitivamente, siempre debemos prestar atención a las etiquetas de los productos que compramos, ya que el trigo también puede estar presente en alimentos de los que no tenemos la menor sospecha, como la salsa de tomate, el pesto, el regaliz e incluso los caramelos.

Otras cosas que debe saber

•	Una dieta sin trigo es menos restrictiva que una dieta sin gluten.

•   No estemos tristes y dejemos de lado el trigo, el centeno, la espelta y el kamut en los días de la dieta: nos quedan pastas, cereales y harinas de cebada, arroz, maíz, trigo sarraceno, avena, mijo, quinoa... Así podemos comer de todo: pastas, panes, dulces, creps, etc., eligiendo sin problemas entre una gama de productos cada vez más amplia y agradable, que además ahora se encuentra fácilmente incluso en el supermercado.

•   Sigue siempre las indicaciones de un especialista para ver qué alimentos comer.

Dieta sin trigo: ejemplo y recetas

El trigo, cuyo nombre botánico es Triticum, es una planta que pertenece a la familia Graminaceae. En el área mediterránea es probablemente el cereal más conocido y utilizado.

La dieta sin trigo es una dieta que deben seguir aquellas personas con intolerancia permanente al trigo. Es una condición diferente a la enfermedad celíaca: es una enfermedad causada por la intolerancia al gluten, en particular a la gliadina contenida no solo en el trigo sino también en la cebada, el centeno, la espelta y otros cereales menores.

El trigo, es la hierba más extendida en los países del área mediterránea. Se cultivan dos variedades con fines alimentarios, que se distinguen por la resistencia que ofrece el grano a la molienda:

• Trigo blando, utilizado principalmente para obtener harinas para productos de panificación integrales o no integrales;

• Trigo duro, de cuya molturación obtenemos la sémola imprescindible para elaborar todas las formas de la pasta clásica.

Seguir una dieta libre de trigo es bastante sencillo y, sobre todo, es posible asegurar una alimentación equilibrada basada en el modelo de la dieta mediterránea.

La principal necesidad de la persona intolerante al trigo es asegurar la ingesta de hidratos de carbono mediante el uso de otros cereales, como la cebada, el arroz, el maíz, la espelta, la avena, el mijo o la quinoa y el amaranto: estos últimos son pseudocereales originarios de América del Sur y Central, respectivamente.

La dieta sin trigo fue propuesta hace unos años por el cardiólogo estadounidense William Davis, incluso para aquellos que no padecen ninguna intolerancia específica a este alimento. Según este autor, el trigo que se cultiva hoy, resultado de manipulaciones genéticas encaminadas a mejorar su productividad, está entre las causas del aumento de la frecuencia de casos de obesidad, diabetes, colesterol alto e hipertensión. Condiciones todas ellas que exponen al paciente a un mayor riesgo de padecer incluso enfermedades cardiovasculares graves.

Veamos cómo puede ser un día típico para quienes siguen la dieta sin trigo y la receta de galletas de desayuno y plato único.

Dieta sin trigo: ejemplo

La alimentación diaria debe ser equilibrada. Según el modelo de la dieta mediterránea, cada día es necesario tomar las calorías necesarias del 55-60% de carbohidratos, 10-15% de proteínas y 25-30% de grasas. Claramente, la calidad de los alimentos es fundamental para tomar macronutrientes saludables y efectivos y marca la diferencia:

• Los carbohidratos deben ser en su mayor parte complejos y preferiblemente provenir de granos integrales.

• Las proteínas deben proceder principalmente de las legumbres y posiblemente del pescado azul, mientras que se debe limitar el consumo de carnes, especialmente carnes rojas y embutidos, y lácteos condimentados ricos en sales.

• Las grasas para condimentar y cocinar deben ser en su mayor parte las del aceite de oliva virgen extra.

Un horario diario equilibrado debería verse así:
• **Desayuno**: un yogur natural con 3-4 galletas de harina de maíz y espelta, una ración de fruta fresca y un café o té, preferiblemente sin azúcar.
• **Snack:** una fruta fresca de temporada

• **Almuerzo:** salteado de arroz negro con tofu, o queso fresco, y verduras, luego una ración de verduras frescas de temporada.

• **Snack**: una fruta fresca de temporada

• **Cena:** una ración de pescado a la plancha servido con patatas al vapor, condimentadas con aceite de oliva virgen extra y una mezcla de hierbas aromáticas frescas, luego una ración de verduras frescas de temporada.

Capítulo 8
Recetas sin trigo

Intolerancia al trigo: qué desayunar

Para superar las terribles consecuencias de la intolerancia al trigo, primero debe eliminar ciertos alimentos de su dieta diaria. Su menú antiintolerancia, por supuesto, debe comenzar con la primera y más importante comida del día: el desayuno.

Para que su cuerpo recupere el equilibrio perdido, debe eliminar todos los alimentos que contengan trigo. Esta dieta debe durar un mínimo de 30 días. Solo así podrá desinflamar el cuerpo.

Por lo tanto, en la mesa de su desayuno, la harina de trigo y el pan de sémola de trigo duro estarán prohibidos. Todos los dulces elaborados con productos molidos a base de trigo también se han ido. También están prohibidas las numerosas mezclas de cereales con copos de trigo y brotes de trigo.

Sin embargo, las precauciones que debe tener para devolver el bienestar a su cuerpo ciertamente no terminaron aquí. De hecho, también debe excluir de su nutrición los alimentos que contienen centeno, espelta y kamut. La razón es sencilla: estos cereales contienen proteínas muy parecidas a las del trigo.

También es de fundamental importancia que cada vez que compre chocolate te tomes la molestia de comprobar los ingredientes, ya que puede haber trazas tanto de trigo como de los demás cereales mencionados anteriormente.

Que comer para el desayuno

Desayunar con un delicioso brioche, bizcochos rellenos de mantequilla y mermelada o un buen trozo de tarta es el sueño goloso de una mañana fragante y llena de sabor. Sin embargo, si tienes intolerancia al trigo, ciertamente no puedes preparar tu desayuno con estos alimentos clásicos, en su mayoría envasados con harina de trigo.

Para afrontar la primera comida del día con sprint, es necesario organizar un desayuno sabroso y saciante, que ante todo prohíba el trigo. El menú debe ser equilibrado y debe contener carbohidratos, grasas y proteínas en las proporciones adecuadas.

Aunque hayas eliminado los alimentos que contienen trigo, aún puedes disfrutar de un sugerente desayuno comiendo dulces y bollería elaborados con harina de cebada, con la de arroz, maíz, garbanzos, quinoa, castañas, mijo, avena y trigo sarraceno.

¿Alguna vez has probado las galletas desmenuzables con harina de arroz con sabor a naranja? Si la respuesta es no, ¡absolutamente tienes que arreglarlo! Estos manjares son un verdadero pecado de gula, que van bien con el té y el café.

Para empezar el día de la mejor manera puedes enriquecer tu desayuno con tortitas de arroz rellenas de un velo de miel o mermelada, también excelentes untadas con un poco de sirope de agave. Un buen día también se ve con un poco de yogur añadido a una buena cucharada de copos de maíz, una papilla de avena y una barra de chocolate permitido.

Además, una buena rodaja de ricota, una porción de fruta fresca de temporada, un poco de frutos secos, un puñado de semillas oleaginosas, y unos buenos vasos con batidos y zumos también son imprescindibles. Además, en la tabla del desayuno antitrigo nunca deben faltar los complementos a base de sales minerales, las infusiones y los multivitamínicos permitidos.

Si por el contrario eres de los acérrimos defensores de los desayunos salados, al despertar puedes acariciar tu paladar con huevos pasados por agua, o con tortillas rellenas de requesón o verduras salteadas en aceite de oliva virgen extra, o, de nuevo, con una buena tostada de aguacate, un manjar elaborado con pan de trigo sarraceno y una salsa a base de aguacate.

Los batidos a base de verduras, los batidos de frutas y verduras y los jugos saludables y sabrosos también son bienvenidos en su goloso desayuno salado contra el trigo.

En definitiva, quien padece esta intolerancia teóricamente puede comer de todo: lo importante es centrarse siempre en alimentos alternativos al trigo, es decir, aquellos especialmente pensados para intolerantes.

Recetario

La dieta sin trigo es una dieta diaria que excluye todos los derivados de la harina de trigo blando y duro; en la práctica, la mayoría de los productos de panadería comunes, incluidos los bocadillos salados y dulces, y las pastas.

Veamos una serie de recetas útiles para quienes deben seguir la dieta sin trigo.

Galletas con maíz y harina de espelta

Ingredientes para 40 galletas
* 200 g de harina de maíz
* 200 g de harina de espelta
* 150 g de azúcar morena
* 60 de aceite de maíz
* 2 huevos
* 4 g de levadura en polvo para pasteles
* la piel rallada de una naranja.

Mezclar la harina con el azúcar y la levadura, luego añadir los huevos, el aceite y la piel de naranja rallada. Amasar la masa hasta que la mezcla esté suave y compacta. Estirar la masa sobre la superficie de trabajo enharinada y hacer las galletas con los moldes especiales. Hornee las galletas en un horno precalentado a 180 grados durante unos 12 minutos o hasta que estén doradas.

Arroz negro salteado con tofu

Ingredientes para 4 personas:
*   280 g de arroz negro
*   200 g de tofu natural
*   360 g de calabacín
*   100 g de guisantes al vapor
*   20 g de puerro picado
*   3 cucharadas de aceite de oliva virgen extra.

Cuece el arroz negro en abundante agua hirviendo. Mientras tanto, en una sartén, dorar el puerro con una cucharada de aceite de oliva virgen extra, luego añadir los guisantes y los calabacines cortados en aros. Saltear las verduras, dejando que los calabacines queden crujientes. Cortar el tofu en cubos. Escurrir el arroz y saltearlo en una sartén con las verduras. Agrega el tofu y sirve.

Palitos de pan con harina de mijo

Si la intolerancia al trigo no le permite disfrutar de los aperitivos tradicionales, prepárese uno delicioso con esta sencilla receta.

Ingredientes para unos 400 gr de palitos de pan
*   300 gr de harina de mijo
*   70 ml de agua a temperatura ambiente
*   15 g de sal fina
*   1 cucharadita de romero en polvo
*   20 g de aceite de oliva virgen extra

Poner la harina en una tabla de repostería y añadir poco a poco el agua. Cuando la masa comience a tensarse, agregar la sal y el romero en polvo. Remueva durante 5 minutos y finalmente añada el aceite. Amasar unos minutos más y luego dejar reposar por 15 minutos.

Mientras tanto, forre una bandeja para hornear con papel pergamino. Tome la masa y con la ayuda de un rodillo extienda la masa de manera uniforme y no más de 5 milímetros de alto. Elimine la parte lateral que seguramente quedará irregular.

Con un cuchillo de hoja lisa, o mejor aún, una rueda para pizza, corte tiras de 1-2 cm de ancho y 20 cm de largo.

Elija qué tipo de forma quiere darles a sus palitos de pan. Puede enrollarlos sobre sí mismos, haciéndolos redondos, un poco como hacen los niños cuando juegan con plastilina. Puedes tejerlos de dos en dos creando bonitas trenzas. O puedes aplanarlos y crear formas irregulares con sus dedos. Si quiere, puede moler un poco de sal gruesa por encima.

Hornear en horno estable a 180°C durante 10/12 minutos. Sirve como acompañamiento de quesos o para disfrutarlos entre horas. Guardados en una caja de hojalata duran tres o cuatro días.

Envolturas de harina de quinua

Como ya te hemos explicado en detalle, la quinoa se puede consumir tanto en granos como en harina. Como este último es muy caro, puedes hacerlo en casa licuando finamente los frijoles. Luego utilízalo para hacer estos sabrosos wraps.

Ingredientes para 4 personas
* 150 g de harina de trigo sarraceno
* 300 g de harina de quinoa
* 40 g de aceite de oliva virgen extra
* 150 ml de agua tibia
* 1 cucharadita rasa de bicarbonato de sodio
* sal marina al gusto
* dos o tres calabacines al gusto
* 150 g de queso tipo fontina

Mezclar las dos harinas, añadiendo la sal. Vierta el agua lentamente e incorpórela poco a poco con la ayuda de un tenedor. Cuando se haya absorbido, trabajar la masa hasta que quede homogénea y compacta, luego cubrirla con film transparente y dejar reposar durante media hora.

Mientras tanto, lavar y trocear los calabacines. Asarlas, salarlas ligeramente y reservar. Divida la masa en 8/10 piezas y extienda cada una con un rodillo, tratando de crear más o menos el mismo diámetro. Caliente una sartén antiadherente y cocine cada pan plano durante un par de minutos por cada lado.

Relleno de calabacines a la plancha y trocitos de queso. Después de haberlos cerrado por la mitad, volver a ponerlos en la sartén antiadherente durante 30/40 segundos por lado, el tiempo justo para que el queso gire. Servir caliente.

Plumcake de naranja con avena

¿Quieres harina dulce pero no blanca? ¡Aquí tienes un pastel de ciruelas que te conquistará por su bondad y sencillez!

Ingredientes
* 200 g de harina de avena
* 150 g de azúcar
* 2 naranjas orgánicas
* 80 ml de aceite de semillas
* 3 huevos
* 1/2 sobre de polvo de hornear
* azúcar en polvo al gusto
* al gusto de leche

Ponga los huevos con el azúcar en la batidora y gire hasta que estén espumosos, luego agregue el aceite de semillas. Una vez licuado, agregue la avena una cucharada a la vez y continúe revolviendo.

Rallar la piel de las naranjas, luego exprimir la pulpa. Vierta el jugo en la masa, voltee nuevamente, agregue la ralladura de naranja, con cuidado de dejar un poco de lado para la decoración final, y el polvo de hornear disuelto en una gota de leche.

Mezclar bien todos los ingredientes y verter la mezcla en un molde para pan previamente engrasado y enharinado y hornear en horno estático a 180°C durante 35-40 minutos.

Dejar enfriar bien antes de desmoldar, espolvorear con azúcar glass y servir adornando con ralladura de naranja.

La carne hervida

Ingredientes:
- 2 cebollas
- 4 palitos de apio
- 1/2 gallina
- 1 hueso para caldo
- cabeza de ternera enrollada, 1 kg
- lengua de res, 800g
- solomillo de ternera, 500g
- 120 g de perejil
- 1/2 diente de ajo
- 3 anchoas
- vinagre al gusto
- sal al gusto
- pimienta al gusto
- aceite de oliva virgen extra, 120ml

Para preparar la carne hervida, primero limpie las cebollas y lave y corte el apio. Las verduras están listas, verterlas en una cacerola grande de borde alto y llena de agua, agregar la sal y llevar a ebullición.

Una vez que el agua haya llegado a ebullición, añada toda la carne. Tras unos minutos de cocción, las impurezas en forma de espuma comenzarán a aflorar en la superficie del agua: se trata de las proteínas de la carne coagulada que tendrá que retirar con una espumadera después de haber eliminado todas las impurezas, agregue los granos de pimienta y baje el fuego a bajo.

El hervor debe durar unas 3 horas y ser muy ligero porque si fuera violento estropearía la carne deshilachándola y haciéndola fibrosa.

Mientras tanto, prepare el pinzimonio de acompañamiento: haga una mezcla de aceite, vinagre y anchoas, con la que untar y pulir las lonchas de carne hervida.

Cuando la carne hervida esté cocida a la perfección, escúrrala con una cuchara ranurada y colóquela en una tabla de cortar. Cortarla en rodajas y servir.

Filete de pescado blanco y achicoria con vinagre balsámico

Ingredientes:
- 1 achicoria tardía
- 2 filetes de pescado blanco
- vinagre blanco al gusto
- 1 cucharada de vinagre balsámico
- aceite de oliva virgen extra
- sal al gusto
- ajo

Cortar las hojas de un radicchio tardío por la mitad del largo y del ancho, blanquearlas en agua y vinagre blanco y ponerlas a secar sobre un paño. Luego terminar de cocinar en una sartén con aceite de oliva virgen extra, agregar vinagre balsámico y 1 cucharada de agua. Una vez cocido, reservar.

Tomar dos filetes de pescado blanco, dorar un diente de ajo en una sartén y cocinar el pescado por el lado de la pulpa, luego dar la vuelta por el lado de la piel y termine de cocinar. Espera unos minutos y rociar con vino blanco.

Milhojas de patatas, champiñones y queso ahumado

Ingredientes:
- Papas, 400 g
- Champiñones secos, 100 g
- Provolone picante, 100 g
- Cebolla picada, 20 g
- Aceite Evo al gusto
- Tomillo, romero, salvia al gusto
- sal al gusto

Pelar 400 gramos de patatas y cortarlas en rodajas finas por el lado más corto con una mandolina. Rocíe con aceite. Añada algunas hierbas aromáticas como tomillo, romero, salvia y sal. Disponer en una bandeja para el horno y hornear a 180 grados durante 15 minutos hasta que estén crujientes. Remoje 100 gramos de hongos porcini secos en agua caliente. Una vez escurridas, añada la cebolla picada, dorada en aceite de oliva virgen extra.

Cortar el queso provolone picante. Componga el milhojas de patata en una bandeja para hornear con papel pergamino, superponiendo las rodajas de patata con los champiñones, el queso provolone y de nuevo una rodaja de patata, repitiendo las capas. Llevar al horno a 200 grados hasta que se derrita el provolone.

Ensalada rizada con nuez, ciruela, salsa de queso

Ingredientes
* ensalada rizada, 15 hojas
* queso suave, condimento medio, 150 g
* 15 ciruelas hueso
* pepitas de nuez al gusto
* cebolla roja picada finamente al gusto
* salsa de nuez, 3 cucharadas
* Aceite Evo al gusto
* limón al gusto
* sal, pimienta al gusto
* perejil al gusto

Lavar y cortar unas quince hojas de ensalada rizadas. Dados 150 gramos de queso semicurado y tierno. Picar 15 ciruelas deshuesadas, picar unas nueces, picar finamente un poco de cebolla morada y juntar todo.

Sazonar con 3 cucharadas de salsa de nueces (use una suave, no demasiado sabrosa). Aparte, batir el aceite con 1 cucharada de limón, una pizca de perejil, sal y pimienta. Vierta y voltee para que la ensalada sepa bien.

Huevos del purgatorio con mozzarella de búfala

Ingredientes
- 4 huevos
- salsa de tomate, 500ml
- mozzarella de búfala, 250 g
- concentrado de tomate 2 cucharaditas
- 1 cebolla dorada
- ajo, 2 dientes
- Aceite Evo, 2 cucharadas
- Orégano, sal y pimienta al gusto

El primer paso de esta receta sin cereales es poner en una sartén con aceite de oliva virgen extra 2 dientes de ajo y la cebolla cortada en rodajas finas. Dorarlo bien y luego quitar el ajo. Verter 500 gramos de pulpa de tomate (o puré), mezclar bien y agregar 2 cucharaditas de pasta de tomate.

Agregue sal, cubra y cocine por unos 10 minutos. Agregue 4 huevos, agregue sal y pimienta, cubra y cocine por 3 minutos. Mientras tanto, corta una mozzarella di Bufala Campana DOP en rodajas y agrégala a los huevos. Espolvorea con orégano, tapa y deja que la mozzarella se derrita bien.

Recetas especiales

Las siguientes son recetas sin ningún tipo de harinas de preparaciones que habitualmente se elaboran con algún tipo cereal refinado o harina en su interior pero que pueden volverse más sanas y saciantes si reemplazamos las mismas por otros ingredientes de calidad.

Cloud bread o pan nube

Ingredientes: para 9 unidades.
• 3 huevos, 100 gr de queso crema (tipo Philadelphia)
• ¼ de cucharadita de café de Bicarbonato de sodio.

Preparación: empezamos precalentando el horno a 150°C. Después, separando las claras de las yemas de los huevos. Batimos las yemas con el queso crema hasta obtener una masa homogénea y suave. En un bol aparte batimos las claras a punto de nieve con el bicarbonato de sodio.

Mezclamos ambas masas con la ayuda de una espátula, realizando movimientos envolventes. Colocamos una hoja de papel de hornear sobre una bandeja de horno y sobre ella repartimos 9 montones de masa, formando círculos. Horneamos 20 minutos.

Wraps o tacos de lechuga con ternera salteada

Ingredientes:
• 200 g de filetes finos de carne magra de ternera
• 1 pimiento rojo pequeño
• 1 zanahoria
• 1 cebolleta pequeña
• 1-2 dientes de ajo

- 1 guindilla pequeña
- 1-2 cogollos de lechuga bien crujiente
- un poco de perejil fresco
- zumo de lima o limón
- salsa Worcestershire (Perrins)
- pimienta negra
- sal, aceite de oliva
- salsa de yogur (opcional).

Preparación: retirar los posibles excesos de grasa de la carne de ternera. Cortar en tiras finas y después en taquitos pequeños. Picar la cebolleta y el diente de ajo. Pelar la zanahoria y picar bien en trozos de aproximadamente el mismo tamaño. Picar el pimiento de la misma manera, desechando los filamentos y las semillas. Calentar un poco de aceite de oliva en una sartén o plancha antiadherente y echar la carne. Salpimentar ligeramente y cocinar a fuego fuerte un par de minutos, hasta que haya cogido buen color. Incorporar la cebolla y el diente de ajo, y saltear un minuto más. Agregar el resto de verduras y la guindilla picada.

Cocinar todo junto unos 5-8 minutos. Echar unas gotas de salsa Worcestershire al gusto y un poco de zumo de lima o limón. Continuar cocinando hasta que las verduras estén tiernas y los jugos se hayan reducido lo máximo posible. Salpimentar y servir sobre hojas de lechuga con un poco de perejil.

Tacos de lechuga con lentejas

Ingredientes (para 8 tacos):
* 8 hojas de lechuga bien frescas y firmes
* 3/4 taza de lentejas secas o 180 gramos
* 1 cebolla
* 1 tomate
* 1 aguacate pequeño
* zumo de medio limón
* 1 cucharada de aceite de oliva
* sal y ají molido a gusto.

Preparación: si utilizas lentejas secas, debes lavarlas y hervirlas en abundante agua hasta que estén tiernas antes de usarlas. Una vez frías, las reservas mientras en una sartén rehogas la cebolla bien picada con un poco de aceite de oliva y sal.

Cuando la cebolla está tierna le sumas las lentejas ya cocidas y adicionas ají molido para dar un toque picante a la mezcla. Retiras del fuego y añades el zumo de limón para terminar de condimentar esta preparación.
Por otro lado, lavas muy bien cada hoja de lechuga y las dispones en un plato. Por encima colocas la mezcla de lentejas aun tibia (o fría si así lo prefieres) y, por último, añades unos cubos de aguacate y tomate bien fresco.

Si se desea, se pueden servir ya listos para consumir o de lo contrario, cada comensal podrá elaborar su propio taco sobre las hojas de lechuga, una vez que todos los ingredientes estén en la mesa.

Cuscús de coliflor

Ingredientes (para 4 personas):
- 700 gr de coliflor
- 30 ml de aceite de oliva virgen extra
- 15 ml de jugo de limón
- 4 g de sal
- 1 gr de pimienta blanca molida.

Preparación: comenzaremos retirando el tronco central y los tallos de la coliflor, estos podemos utilizarlos para añadir a un puré o a un caldo, y dejamos los que son simplemente las flores de la coliflor. Lavamos esta con agua fría y la escurrimos.

Ahora trituraremos la coliflor con la ayuda de un rallador, un robot o con la picadora de cuchillas que suelen traer ahora las batidoras de mano, hasta obtener unos granos parecidos a la sémola de cuscús. Si no disponemos de picadora se podría ir haciendo con cuidado con un cuchillo, aunque dará un poco más de trabajo.

Colocamos una olla que disponga de accesorio para cocinar al vapor con unos centímetros de agua a hervir. Colocamos una gasa encima de la vaporera y ponemos el cuscús de coliflor. Salpimentamos y dejamos cocer durante cinco minutos.

Al final de la cocción recuperamos la coliflor levantando la gasa por sus cuatro puntas. Si no queremos aromatizarla, simplemente la servimos con un poco de aceite de nuestra elección, el zumo de limón y rectificamos de sal.

Pizza con base de coliflor

Ingredientes (para 2 personas):
* 170 gr de coliflor
* 1 huevo
* 15 gr de lino o almendra molida
* hierbas provenzales a gusto
* pimienta negra molida a gusto
* sal a gusto
* ajo granulado
* queso parmesano (opcional).

Preparación: precalentar el horno a 180°C y preparar una bandeja con papel sulfurizado, una lámina de silicona o algo similar. Cortar los ramilletes de la coliflor hasta sacar unos 170-180 g. Lavar y escurrir bien.

Triturar la coliflor con una picadora o procesador de alimentos, o usar un rallador de queso fino, hasta dejar textura granulada fina, estilo cuscús. Disponer en un recipiente, añadir el huevo, las semillas de lino o almendra molida, la sal, hierbas al gusto, ajo granulado, queso y salpimentar.

Mezclar todo muy bien hasta tener una masa homogénea, húmeda pero maleable. Extender en la bandeja con ayuda de una espátula o una cuchara grande, dando forma redondeada o rectangular, dejándola lo más fina posible. Hornear unos 20 minutos o hasta que se dore y esté seca al tacto.

Esperar un poco a que se enfríe ligeramente y extender los ingredientes que se quieran. En este caso utilicé una base de buen tomate triturado escurrido, jamón de pavo y mezcla de quesos para gratinar. Hornear unos minutos más hasta que se haya derretido el queso y los bordes estén crujientes. Añadir orégano antes de servir.

Dulces sanos sin harinas en su interior:

Los platos dulces como bizcochos, postres, pasteles y demás por lo general emplean harinas en su composición. Sin embargo, podemos lograr dulces más sanos sin harinas como los que mostramos a continuación:

Tortitas de plátano con dos ingredientes

Ingredientes (para 6-8 tortitas pequeñas)
* 1 plátano grande maduro
* dos huevos
Opcionales: 1 pizca de sal, 1 pizca de bicarbonato sódico o levadura química, canela molida, 1/2 cucharadita de cacao en polvo sin azúcar, 1 cucharadita de azúcar moreno, aceite o mantequilla para engrasar, fruta fresca en trocitos pequeños.

Preparación: pelar el plátano, trocear y machacar muy bien con un tenedor. Cuando tenga consistencia de papilla, aunque haya algún grumo, es suficiente, por eso es mejor que esté maduro, blandito. Aparte, batir con unas varillas los dos huevos y echar sobre el plátano. Remover muy bien con una cucharada grande hasta tener una masa homogénea.
Calentar una plancha o sartén antiadherente, que podemos engrasar ligeramente con mantequilla o

aceite neutro. Debería estar la potencia a un nivel medio. Echar la masa con ayuda de un cucharón o una taza medidora, calculando que salen unas 6-8 tortitas de tamaño pequeño o mediano, entre 7 y 10 cm de diámetro. Es preferible no cocinar demasiadas al mismo tiempo.

Mantener en la plancha entre 2-4 minutos, o hasta que los bordes se puedan despegar fácilmente. Es mejor comprobar el punto con suavidad usando una buena espátula antiadherente y fina, puede que la primera tortita se nos rompa, pero luego le pillaremos el punto sin problemas. Dar la vuelta y cocinar un par de minutos más por el otro lado.

Retirar las tortitas a medida que se van cocinando y mantenerlas tapadas con un paño o plástico film para que se conserven templadas, o aprovechar el calor residual del horno si lo hemos encendido. También siguen ricas si se dejan enfriar y se calientan ligeramente en el microondas a potencia baja.
Si queremos añadir los ingredientes extra, hacerlo al mezclar los huevos con el plátano. Podemos sumar fruta fresca en trocitos pequeños cuando las tortitas se están cocinando en la plancha.

Galletas de plátano y coco con pipas de girasol

Ingredientes (para 3 personas):
* 1 plátano
* 50 gr de coco rallado
* 20 gr de semillas de girasol.

Preparación: sólo necesitamos formar un puré con la pulpa del plátano por lo que siempre será recomendable que esté maduro.

Mezclamos el puré con el coco rallado y las pipas de girasol hasta formar una mezcla homogénea no demasiado sólida y con ayuda de una cuchara colocamos pequeñas cantidades de la mezcla en una placa para horno antiadherente o previamente aceitada.

Damos forma de galletas circulares intentando que queden lo más finas posibles y llevamos a horno muy bajo (150° o menos) por aproximadamente 50 minutos, girando a mitad de cocción para obtener unas galletas crujientes y doradas. Una vez finalizada la cocción dejamos enfriar dentro del horno con la puerta semi abierta para que se terminen de secar y queden bien firmes.

Trufas de aguacate

Ingredientes (para 18 unidades):
- 1 palta madura
- 80 gr de chocolate negro para postres
- 10 gr de mantequilla, cacao en polvo.

Preparación: funda el chocolate negro y la mantequilla en el microondas en tres series de un minuto. Abra el aguacate y retire la semilla. Con ayuda de una cuchara, extraiga la pulpa y macháquela con un tenedor hasta obtener una crema.

Vierta el chocolate fundido sobre la pulpa de aguacate machacado y trabaje la mezcla hasta que sea homogénea. Obtendrá una masa con textura muy ligera imposible de manejar así que lo mejor es meter la masa en el congelador durante unos 45 minutos.

Pasado ese tiempo, retire la mezcla del congelador y forme las trufas haciendo bolas con cucharas o con las manos. Rebózalas después con el cacao puro en polvo para obtener su aspecto habitual. Guarde las trufas en la nevera si nos las vas a comer en el momento. Aguantan un par de días en buen estado.

Bombones de dos ingredientes

Ingredientes (para 12 unidades):
* 100 gramos de dátiles y 80 gramos de almendras
* canela si se desea para dar sabor.

Preparación: tal como dice su nombre, estos bombones llevan sólo dos ingredientes, por lo tanto, su realización es muy fácil.

Para comenzar, debemos quitar el carozo a los dátiles y trocearlos groseramente. Después debemos colocarlos junto a las almendras en una picadora, trituradora o similar y comenzar a triturar.

Remover con una cuchara y triturar unos segundos más hasta que queden partículas pequeñas y pegajosas que se acumulen entre sí, agregar la canela si se desea y mezclar, para después formar con las manos los bombones del tamaño deseado.

Se pueden pasar por cacao o coco rallado si se desea, aunque la verdad que no es necesario. Dejar enfriar en la nevera y consumir.

Pepas de banana y avena (saludables y sin harina)

Ingredientes para 6 pepas
- 1 banana
- 100 gr avena instantánea o la que uses
- c/n Aceite de coco neutro o el que uses
- c/n Pasta de maní, dulce de leche, o lo que le quieras poner
- a gusto Algunas gotas de edulcorante o azúcar mascando

Hacemos una pasta pisando la banana. Agregamos azúcar mascabo o edulcorante, incorporamos la avena, y empezamos a unir formando bolitas que luego aplastaremos para hacerle un huequito en el medio. Con el dedo o alguna cuchara (yo usé las de café)

Enmantecar o usar papel manteca para que no se peguen. Hacer el bollito y dejar en la placa.

Metemos al horno precalentado. En máximo a 170°, de 5 a 10 minutos. Cuando estén doraditas las sacamos y en caliente desmoldamos, pasando a una rejilla para que se aereen mejor. Y rellenamos el huequito de nuestra pepa con pasta de maní y dulce de leche quedan exquisitas.

Huevos Tipo Perico. Desayuno Saludable rico en Proteínas.

¿Qué son los huevos pericos? Es una forma popular de llamar a los huevos revueltos en algunos países como Venezuela y Colombia. Se trata de una receta de huevos revueltos elaborados con otros ingredientes sofritos como el tomate y la cebolla.

Aunque el origen del nombre es desconocido, todo hace pensar que está inspirado en la combinación de colores de las aves conocidas como pericos.

Así que los huevos pericos son una buena opción de desayuno saludable para comenzar el día con ingredientes saciantes, saludables y quema grasa.

Vamos a modificar la tradicional receta de huevo perico añadiéndole un poco de pollo desmenuzado y un poco de orégano. También se puede improvisar con otros ingredientes que sobren de las comidas como pechuga de pavo, carne o varios tipos de verduras.

Ingredientes para el revuelto de huevos tipo perico (2 personas):
* 1/2 cebolla picada.
* 2 tomates picados.
* 4 huevos
* Pollo desmenuzado (opcional).
* Sal y especias al gusto.
* 1 cucharada de mantequilla, aceite de coco o aceite de oliva.

En una sartén a fuego medio, añade un poco de mantequilla o aceite de oliva. Mientras se calienta la sartén, en un recipiente bate ligeramente los 4 huevos con el orégano y pizca de sal. Una vez la sartén esté caliente, sofríe la cebolla y el tomate hasta que el tomate se suavice. Añade el pollo y los huevos ligeramente batidos. Revuelve todos los ingredientes hasta que la mezcla esté homogénea y cocida. Desayuno con Huevos Revueltos con espinacas y queso parmesano. Esta receta de huevos revueltos con espinacas y queso parmesano, es una idea de desayuno con huevos fácil, rápido y apta para seguir una dieta sin harinas o para esos días que apetece tomar un desayuno bajo en carbohidratos. Las espinacas las puedes sustituir por tu verdura favorita y que sea baja en carbohidratos como coliflor, espárragos o calabacín.

Esta receta también sabe deliciosa con otro tipo de queso como el queso mozzarella, queso feta o el queso fresco. Disfrútala y adáptala a tu gusto.

Ingredientes para hacer los huevos revueltos para 1 o 2 personas:
- 2 tazas de espinacas lavadas.
- 2 a 3 huevos.
- 1 cucharada sopera de mantequilla.
- Especias: albahaca y orégano seco.
- Sal al gusto.
- 1 cucharada sopera de queso parmesano rallado.
- Un puñado de nueces crudas (opcional).

Preparación del desayuno con huevos revueltos, espinacas y queso parmesano:

• En una sartén añade un poco de mantequilla para que se derrita a fuego medio.

• Agrega las hojas de espinacas en la sartén, remueve y deja que las espinacas se reduzcan por aproximadamente 3 minutos.

• Esparce sobre las espinacas el orégano, la albahaca y la sal.

• Vuelca los 3 huevos y remueve hasta que todos los ingredientes se mezclen homogéneamente.

• Como último paso, añade el queso parmesano.

Tortilla de brócoli desayuno/cena saludable y sencilla de hacer

La tortilla de huevo con brócoli es una receta para un desayuno o cena saludable con muchos beneficios nutricionales.

El brócoli es una verdura rica en antioxidantes, vitaminas y fibra que ayudan a prevenir el cáncer y el envejecimiento prematuro. Los huevos aportan proteínas y grasas saludables.

Cómo se hace Tortilla de Brócoli:

Antes de preparar la tortilla, el brócoli tiene que estar cocido y frío. Para cocinar el brócoli, agregue un poco de agua en una olla y cuando comience a hervir añada el brócoli en trozos y deje que se cueza durante 3 a 5 minutos.

Ingredientes para hacer la tortilla de brócoli (2 personas):

- 2 huevos.
- Un poco de brócoli cocido.
- Especias a tu gusto como orégano o perejil.

Preparación de la tortilla con brócoli:
Bata los huevos y añade el brócoli cocido cortado en trocitos pequeños. Unta un poco de aceite en una sartén y cuando esté caliente añade la mezcla. Cocine por ambos lados.

Wrap/Tortilla de espinacas sin harina. Desayuno/cena fácil low carb.

Esta versión de wrap de espinacas está hecha sin harina así que es una receta apta para la dieta keto o dietas bajas en carbohidratos o sin harinas.

Los wraps con espinacas son una buena opción de desayuno/cena rica en proteína y fibra, por lo que es ideal para adelgazar siguiendo una dieta saludable.

¿Cómo hacer wrap de espinacas sin harina?

Esta receta es muy fácil de preparar.

Para hacer el wrap o tortilla vamos a utilizar huevos, espinacas y algunas especias como sal y pimienta.

Dentro del wrap añadiremos un poco de pollo cocido desmenuzado, un poco de tomate y un poco de lechuga.

Aunque se puede añadir otro tipo de proteína como atún o salmón u otro tipo de vegetales crudos para ensalada.

Ingredientes para preparar Wrap de Espinacas sin harina (1 wrap grande):

• 3 claras y 1 yema.
• 1/2 taza de espinacas frescas.
• Pimienta y sal al gusto.
• Pollo cocido desmenuzado.
• Vegetales crudos de tu preferencia.
• Un poco de mantequilla o aceite de oliva para untar en la sartén.

Preparación del Wrap/Tortilla de Espinacas sin harina:
Añada en una batidora de vaso/licuadora los huevos, las espinacas y las especias. Triture todos los ingredientes hasta lograr una mezcla homogénea.

En una sartén precalentada, vuelque la mezcla del wrap y distribuya la mezcla hasta que se forme una tortilla fina.

Deje cocer hasta que ambos lados estén dorados.

Retire el wrap de la sartén y ponlo en un plato para esparcir sobre el wrap, el pollo desmenuzado y un poco de verduras crudas para ensalada.

Enrolla el wrap y córtalo en dos mitades.

Pollo agridulce al horno. Comida/Cena fácil y saludable para adelgazar

Esta receta sencilla de pollo agridulce al horno es una delicia para el paladar porque tiene una combinación explosiva de sabores.

Además, la salsa agridulce que te sugerimos es una modificación de la tradicional salsa agridulce china. Es decir, es un pollo al horno agridulce saludable apto para comer en dietas para bajar de peso o en un plan de alimentación sano.

Cómo hacer Pollo Agridulce Saludable:
Al pollo lo vamos a macerar con una salsa agridulce hecha de vinagre balsámico, salsa de soja y miel.

Ingredientes para preparar el Pollo Agridulce:
- Pollo en trozos o en filete.
- 4 cucharadas de vinagre balsámico.
- 4 cucharadas de salsa de soja.
- 1 cucharada de miel.
- Una pizca de pimentón dulce.
- Un poco de agua.
- Semillas de sésamo para adornar (opcional).
-

Preparación del Pollo al horno con salsa agridulce:
Prepare la salsa agridulce mezclando en un bol el vinagre balsámico, la salsa de soja, el agua, la miel y el pimentón dulce. Mientras se precalienta el horno, aproveche para macerar el pollo con la salsa agridulce en un recipiente para horno. Introduzca el recipiente con el pollo en el horno por unos 30 a 40 minutos.

Acompaña el pollo agridulce con abundante ensalada
o con verduras al horno.

Hamburguesas de atún en lata para una comida/cena saludable y ligera

Esta receta de hamburguesas de atún de lata o
conserva es ideal para esos días que no apetece cocinar
o no queremos perder mucho tiempo en la cocina.

Las hamburguesas con atún en lata es una opción
deliciosa y sana que se pueden comer tanto en dietas
para bajar de peso o para llevar una alimentación
saludable.

Cómo hacer hamburguesas de atún de lata caseras y
saludables:
Para darle consistencia a la masa de las hamburguesas
de atún, utilizaremos harina de almendras en lugar de
la harina de toda la vida, así que se podría considerar
como una receta de hamburguesa cetogénica.

También le agregaremos a la mezcla un poco de
berenjena, aunque si lo desea puede añadirle otro tipo
de verdura como pimiento, espinacas o zanahorias.

Ingredientes para preparar Hamburguesas Caseras de
Atún en lata (2 a 4 hamburguesas):
- 2 latas de atún en agua (al natural) y escurridos.
- 1 huevo.
- 1/4 de taza de harina de almendras.
- 1 ajo picado.
- 1/2 cebolla picada.

- 1/4 de berenjena cortada en cubos pequeños (u otro tipo de verdura).
- Especias al gusto.
- Aceite de coco o de oliva.

Preparación de las Hamburguesas con Atún de lata o conserva:

En un bol mezclamos el huevo con la harina de almendras. Añadimos el atún junto con los otros ingredientes y volvemos a mezclar hasta obtener una masa homogénea. Con la ayuda de las manos, damos forma a la masa para que salgan de 2 a 3 hamburguesas de atún. Calentamos a fuego medio una sartén antiadherente sin aceite o con un chorrito de aceite de coco o de oliva. Freímos en la sartén las hamburguesas con atún y las retiramos de la sartén cuando las hamburguesas están doradas por ambos lados. Acompaña las hamburguesas de atún con un buen plato de ensalada y una bebida frutal.

Hamburguesa sin pan, con queso y aguacate

La versión que te compartiremos a continuación, es una receta de la dieta keto con carne picada, sin hidratos, muy sencilla y rápida de preparar.

Preparación de la keto hamburguesa sin pan:

Con esta receta de hamburguesa keto de carne no va a extrañar comer pan porque la vamos a complementar con una deliciosa salsa de aguacate y queso feta.

Y para dar consistencia a la masa de la hamburguesa, le vamos a añadir un poco de harina de almendras.

Ingredientes para 2 Hamburguesas Keto:
* 170 gramos de carne picada.
* 1 huevo.
* 6 cuadraditos de queso feta (o el que prefieras).
* 2 cucharadas soperas de almendra molida.
* Especias: orégano, pimienta, ajos secos.
* Sal al gusto.

Ingredientes para la salsa de aguacate con queso feta:
* ½ aguacate.
* 2 cuadraditos de queso feta.

Preparación de las Hamburguesas de Carne:
En un bol añade la carne picada, la almendra molida, las especias y la sal. Remueva con un tenedor hasta lograr integrar la carne con todos los ingredientes. En otro bol bata el huevo y después lo vuelcas en el bol con la carne. Vuelva a mezclar todos los ingredientes. Retire poco a poco la mezcla dando forma de hamburguesa e insertando en cada masa los cuadraditos de queso feta. Fría las hamburguesas en una sartén antiadherente por unos 5 minutos por cada lado.

Preparación de la salsa de aguacate para acompañar la hamburguesa:

En un bol coloque el aguacate y el queso feta. Aplaste los ingredientes con un tenedor hasta formar una masa homogénea. Si desea puede añadir cilantro u otras especias. Acompañe estas hamburguesas con un poco de ensalada y una infusión.

Revuelto de champiñones con huevo y verduras.
Comida saludable, fácil y deliciosa.

Los champiñones revueltos con huevo y verduras son perfectos para cualquiera de las comidas principales de una dieta sana porque son ricos en fibra, proteína y grasa saludable.

Para esta receta vamos a incluir como verdura a las judías verdes, pero se podría improvisar con otras verduras como puerros, calabacín, brócoli entre otros.

También en lugar del champiñón silvestre se podría probar con otro tipo de hongos como las setas shiitake, boletus o níscalo.

Y para darle un sabor mediterráneo a este delicioso plato con champiñones, se le agregaría un poco de orégano seco y queso parmesano rallado.

Cómo hacer revuelto de champiñones con huevo

Ingredientes para 2 personas:
- 2 tazas de champiñones laminados y lavados.
- 2 tazas de judías verdes cortadas en trozos pequeños y lavados.
- 4 huevos batidos.
- Sal y pimienta al gusto.
- Orégano seco (opcional).
- Queso parmesano rallado (opcional)

Preparación:

En una sartén antiadherente añade un poco de aceite. Una vez caliente, agrega los champiñones, las judías verdes, la pimienta y la sal. Mezcle bien todos los ingredientes y déjelos cocinar por unos 5 minutos. Mientras tanto aproveche para batir los 4 huevos. Cuando note que los champiñones y las judías están doradas y suaves, es momento de que introduzca los huevos batidos en la sartén, el orégano y el queso rallado. Remueva todos los ingredientes hasta que se integren y retire del fuego cuando el huevo se termine de cocinar.

Definitivamente, esta receta de revuelto de champiñones con huevo es muy sencilla y se cocina en menos de 15 minutos.

Brownie sin harina y sin azúcar

Ingredientes para 10/12 porciones
* 3 bananas maduras
* 3 cdas cacao amargo en polvo sin azúcar
* Esencia de vainilla
* 1 cda. stevia
* 7 sobres edulcorantes
* 50 grs Nueces o maní tostado
* 3 huevos

Pasos

En la licuadora poner los huevos, esencia de banana y edulcorantes y licuar hasta formar una crema. Incorporar el cacao amargo y mezclar, incorporar los frutos secos. Volcar la preparación en una fuente o molde de unos 15 cm previamente humedecida con rocío vegetal, (puede empolvorear con un poco de chocolate amargo rallado es a gusto). Cocinar en horno fuerte durante 15 a 20 minutos aproximadamente.

Quedará un brownie húmedo y esponjoso.

Cheesecake sin harinas, ni azúcares
40-60 minutos. 8 a 10 raciones
Ingredientes:
- 500 gr ricota magra
- 100 gr casancrem verde
- 3 huevos
- 8 sobrecitos Stevia o 2 cucharadas de soperas de edulcorante
- Jugo de 1 limón
- 1 cdta esencia de vainilla
- 2 cdtas polvo para hornear
- Frutos rojos (para decorar) una taza aprox.

Pasos
Batir los huevos por 4 min aproximadamente. Agregar los ingredientes y batir hasta lograr que sea homogénea. Colocar en un molde de aproximadamente 15 cm o flanera con rocío vegetal. Cocinar en fuego mediano entre 40-60 min. Dejar enfriar, llevar a la heladera durante mínimo dos horas. Desmoldar y decorar con frutos rojos.

Flan sin azúcar y sin harina/ keto
40 min

Ingredientes
Caramelo (opcional)
* 3 cucharadas miel
* 1 cucharadita de bicarbonato de sodio
* Flan
* 3 huevos
* 1 y 1/2 taza de leche de su preferencia
* Edulcorante o azúcar de coco a gusto(opcional)
* 1 cucharadita de esencia de vainilla
*

Pasos
Es preferible que todos los ingredientes estén a temperatura ambiente, aunque sea los huevos. Mezclar los huevos, esencia de vainilla, la leche y el endulzante (si lo utilizan), integrar todo bien.

Si van a utilizar caramelo, en un recipiente apto para microondas poner la miel y el bicarbonato y llevar al microondas 1 minuto, retirar y mezclar un poco y luego 30 seg. o 1 minuto más (depende de cada microondas). Luego en un molde colocar el caramelo y por encima la mezcla del flan (no hace falta engrasar el molde. Y si no van a utilizar caramelo engrasar un molde y colocar la mezcla).

Para las ambas alternativas tapar el molde con papel film y cocinar al vapor en una olla 15-20 minutos, el flan tiene que estar arriba de una rejilla metálica sin que el plan toque el agua.

Budín de limón. Sin harina de trigo, sin azúcar

Ingredientes
1 1/2 tz arroz hervido
* 3 huevos
* Ralladura y pulpa de 1 limón
* Endulzante/ Stevia a gusto
* Esencia de vainilla
* 1/4 tz jugo de limón
* 1/4 tz aceite
* 1 cdita bicarbonato (o polvo de hornear)
* 1/2 tz harina de arroz integral

Pasos
Poner en la licuadora todos los ingredientes, reservando la harina para agregar luego. Una vez bien licuado, agregar la harina y licuar un par de minutos más para integrar bien. Colocar en molde y llevar a horno precalentado, a unos 180°, por unos 40'/45'.

Solo, es muy rico, pero si se quiere, podemos acompañar con alguna mermelada. O caramelo.

Budín de harina integral y naranjas sin azúcar
45'. 4 raciones

Ingredientes
* 1 y 1/2 taza de harina integral
* 7 sobres edulcorante en polvo o 2 cdas soperas de líquido
* Jugo de 2 naranjas
* Ralladura de una naranja
* 2 huevos

- 1 cda polvo de hornear
- 1/3 taza aceite

Pasos

Mezclamos la harina con el edulcorante en polvo, el polvo de hornear y la ralladura. Aparte batimos los huevos con el aceite y el jugo de naranjas hasta que esté bien integrado. Juntamos ambas preparaciones y lo batimos (depende de la cantidad de jugo que tengan las naranjas pueden necesitar un poco más). Lo llevamos a horno medio 35' o hasta que al introducir el cuchillo salga seco. Puede decorarse con chocolate sin azúcar.

#####